Lucyane Crosara

Receitas para o equilíbrio: antroposofia, ayurveda, zen-budismo e pancs

Alimento, Movimento & Alma

EDITORA
ALAUDE
Rio de Janeiro, 2024

Receitas para o equilíbrio

ISBN: 978-85-7881-780-0

Impresso no Brasil — 1ª Edição, 2024 — Edição revisada conforme o Acordo Ortográfico da Língua Portuguesa de 2009.

Dados Internacionais de Catalogação na Publicação (CIP)
(Câmara Brasileira do Livro, SP, Brasil)

Crosara, Lucyane
Receitas para o equilíbrio : antroposofia, ayurveda, zen-budismo e pancs / Lucyane Crosara. -- Rio de Janeiro : Alaúde Editorial, 2024. -- (Alimento, movimento & alma ; 2)

ISBN 978-85-7881-780-0

1. Alimentos funcionais 2. Nutrição - Aspectos da saúde 3. PANCs - Plantas Alimentícias Não Convencionais 4. Receitas (Culinária) I. Título. II. Série.

24-197656 CDD-613.2

Índices para catálogo sistemático:

1. Alimentação e saúde : Gastronomia funcional : Nutrição aplicada 613.2

Tábata Alves da Silva - Bibliotecária - CRB-8/9253

Produção Editorial: Grupo Editorial Alta Books
Diretor Editorial: Anderson Vieira
Editor da Obra: Ibraíma Tavares
Vendas Governamentais: Cristiane Mutüs
Gerência Comercial: Claudio Lima
Gerência Marketing: Andréa Guatiello

Produtora Editorial: Gabriela Paiva
Revisão: Alessandro Thomé e Kamilla Wozniack
Diagramação: Aurélio Correa e Cesar Godoy
Equipe editorial SESI-SP: Paulo Skaf (Presidente)
Walter Vicioni Gonçalves
Débora Cypriano Botelho
Neusa Mariani

ALTA BOOKS
GRUPO EDITORIAL

Rua Viúva Cláudio, 291 — Bairro Industrial do Jacaré
CEP: 20.970-031 — Rio de Janeiro (RJ)
Tels.: (21) 3278-8069 / 3278-8419
www.altabooks.com.br — altabooks@altabooks.com.br
Ouvidoria: ouvidoria@altabooks.com.br

Editora **afiliada à:**

“Uma refeição que nos alegra pela beleza de seus componentes nos nutre mais.”

Gudrun Burkhard

AGRADEÇO IMENSAMENTE

À **Maria Inez Vieira**, minha companheira no Instituto Amaa, por me ajudar nos textos de antroposofia e nas ilustrações.

À **Clara Angotti**, por me ajudar nas correções.

Ao **Paulo** e à **Joana**, do CSA de Uberlândia, por me fornecerem as plantas panc.

À **Nízia** e à **Nilsa**, por me cederem as pancs de sua horta.

À **Neide** e à **Anatris**, pela ajuda na cozinha e nas produções.

À **Denise Afonso**, da **Greta Cauê Maison**, pelas peças de produção.

Aos meus mestres e consultores, **Dra. Tania Helena Alvares, Dr. José Ruguê, Dra. Clarissa Aires, Monja Myoden** e **Isabela Ferreira**, por contribuírem com o conteúdo e por apresentarem cada capítulo.

Aos meus companheiros neste projeto, **Ana Vitória Fonseca, Marcel Gussoni, Alice Gussoni** e **Rayana Bevilacqua**, por compartilharem comigo seus talentos.

Ao **Luiz Alexandre**, ao **Caio** e ao **Tassio**, por me inspirarem e me motivarem, sempre.

Ana Vitória, Lucyane, Alice e Marcel

APRESENTAÇÃO

Um dia, recebi um convite para uma exposição de cerâmicas e aquarelas da querida Alice Gussoni. O título era wabi-sabi. O que é isso? Fui pesquisar. Me encantei com a filosofia. Algumas semanas depois, concebi a ideia deste livro. Entendi que a filosofia wabi-sabi seria minha inspiração: com sua simplicidade, falaria das ciências que estudo.

Meu momento era de conflito com a rigidez e o exagero com que as dietas e a alimentação estavam sendo tratadas. Dietas variadas e apelativas de um lado e, de outro, pacientes ansiosos por caminhos rápidos, ávidos por recorrer a algo que prometesse um resultado a qualquer custo. Planos que, invariavelmente, não levavam em consideração a mente e o espírito. Total impaciência para percorrer o caminho e aceitar as limitações e imperfeições inerentes a cada indivíduo.

Precisamos de equilíbrio e voltar para o simples, para a "comida de verdade", que alimenta o corpo e a alma.

As receitas deste livro são descomplicadas, feitas com alimentos orgânicos e saudáveis, e sempre terão o espírito da nutrição funcional, mesmo que inseridas em algumas diferentes vertentes, sobre as quais discorro aqui.
São vegetarianas, veganas e onívoras, mas dispenso a classificação. A intenção é utilizar os conceitos dessas diferentes filosofias como pano de fundo para as preparações, sem a pretensão de se aprofundar nas teorias ou de defendê-las cientificamente. O objetivo é passar esse conhecimento de forma simples e clara.

Meus antigos parceiros do primeiro livro, a Ana Vitória (chef de cozinha) e o Marcel (fotógrafo e publicitário), toparam participar na hora. Desta vez, a Alice embarcou com a gente, trazendo sua arte.

E assim formou-se o time para elaborar este livro. Ele entrelaça algumas filosofias e tendências da nutrição, da arte, da culinária, da fotografia, da cerâmica e da aquarela.

Lucyane Crosara
Autora

SUMÁRIO

A FILOSOFIA WABI-SABI

A filosofia wabi-sabi representa uma abrangente visão de mundo japonesa, um olhar estético centrado na aceitação da transitoriedade da vida e da imperfeição. É, muitas vezes, descrita como a concepção do belo que é "*imperfeito, impermanente e incompleto*".

As características estéticas da wabi-sabi incluem assimetria, aspereza (rugosidade ou irregularidade), simplicidade, economia, austeridade, modéstia, intimidade e valorização da integridade ingênua de objetos e processos naturais.

Refere-se a viver uma vida comum com despojamento, insuficiência ou imperfeição e está relacionada às doutrinas de desapego do zen-budismo. Esses conceitos estão representados na produção artística por meio do rústico, do imperfeito, do monocromático e do aspecto natural. O wabi e o sabi permitem alcançar o vazio da mente, que traz tranquilidade. Wabi significa "quietude", e sabi, "simplicidade".

É esta a ideia que quero transmitir neste livro: **uma alimentação simples, despojada e natural.**

Não são necessárias regras nem enquadramento em um conceito predeterminado de dietas. É o respeito à individualidade e ao desapego dos padrões. É o exercício de cultivar e enxergar sua própria beleza, almejar a saúde e o equilíbrio antes de tudo, utilizando o instrumento com que mais se identificar.

AO LONGO DESTE LIVRO, VOCÊ PERCORRERÁ CAMINHOS DISTINTOS.

Capítulo 1

Traz a visão mais pragmática dos desequilíbrios na saúde mental, com suas programações bioquímicas e a influência dos nutrientes nesse processo.

Capítulo 2

Sobre pancs (plantas alimentícias não convencionais), faz uma pequena apresentação de plantas brasileiras menos conhecidas ou simplesmente com o uso esquecido, mas com potencial maravilhoso de utilização e cura. Traz, com força, o conceito de equilíbrio por meio da sustentabilidade e da energia vital dos alimentos.

Capítulo 3

Traz a visão ocidental, sob a perspectiva de Rudolf Steiner e da antroposofia, de como os nutrientes afetam nosso corpo e interferem nos diferentes sistemas, temperamentos e ciclos da vida.

Capítulo 4

Com o ayurveda, conheceremos um pouco da visão milenar dessa medicina indiana que há tantos séculos ajuda as pessoas a restaurarem seu equilíbrio e saúde por meio de seus métodos e sua alimentação.

Capítulo 5

O olhar do zen-budismo para os alimentos, ressaltando a influência e o estímulo que ele exerce na capacidade meditativa.

São vários os caminhos que nos transportam ao mesmo lugar: **saúde e equilíbrio**. Não existe uma verdade absoluta ou um caminho melhor ou mais curto. **É importante fazer escolhas.** A alimentação e os hábitos de vida são parte desse processo, em que é, ainda, essencial garantir um cultivo e uma produção sustentáveis para promover a harmonia.

O importante é ter consciência de seu corpo, mente, espírito e cultivar seu desenvolvimento. O alimento é uma ferramenta maravilhosa para iniciar o caminho.

Capítulo 1

SAÚDE DA MENTE

APRESENTAÇÃO

O desenvolvimento normal do cérebro tem relação direta com a alimentação desde a evolução embrionária até a idade adulta. Entretanto, sofre maior influência no período de gestação e na infância, compreendido como o estágio de maior rapidez do amadurecimento cerebral. Assim, o comprometimento nutricional poderá afetar o desenvolvimento cerebral adequado, incluindo a cognição, o comportamento e até mesmo a produtividade.

O aprendizado e a memória sofrem influência do estresse oxidativo e da inflamação. Considerando esse aspecto, os compostos polifenoicos — presentes em frutas, vegetais, chás e vinho — atuam como protetores contra a neurodegeneração, por sua atividade antioxidante e anti-inflamatória.

Deficiências nutricionais podem acarretar impacto direto no processo e nas etapas de neurodesenvolvimento, na proliferação de neurônios, no crescimento de axônios e dendritos — que fazem parte do sistema nervoso —, bem como na formação, na supressão e na função de sinapses, na mielinização e na apoptose dos neurônios.

Para um desenvolvimento adequado do cérebro, a ingestão de vários nutrientes — como ferro, ácido fólico, vitamina D, além das vitaminas do complexo B — é fundamental, em especial para a gestante e para o feto.

O cuidado gestacional e no início da vida provavelmente possibilitará a melhoria da qualidade de vida no envelhecimento.

Os fitocomplexos dos alimentos têm ação antioxidante e atuam na eliminação dos efeitos dos radicais livres sobre o cérebro. O uso desses fitocomplexos durante a vida poderá proporcionar um envelhecimento cerebral com mínimas patologias. Fitoquímicos como a curcumina (açafrão), antocianinas (uva, ameixa, açaí, cereja), flavonoides (suco de laranja, chá-verde), catequinas (chocolate amargo, maçã vermelha com casca), oleuropeína (azeite de oliva), hidroxitirosol (azeite de oliva) e ácidos graxos poli-insaturados (óleos vegetais) desempenham papel fundamental no controle de processos neuroinflamatórios inadequados no cérebro.

Com o avanço do conhecimento, as dietas são voltadas para a prevenção das patologias neurodegenerativas. Os fitoquímicos presentes na dieta são imprescindíveis para a prevenção da demência e de distúrbios cognitivos geriátricos.

Um sistema imunológico competente e um cérebro saudável representam a expressão dos cuidados nutricionais realizados durante uma vida.

Portanto, projetos como o deste livro são bem-vindos e úteis no sentido de ensinar e facilitar o uso dos nutrientes protetores do cérebro no dia a dia.

Clarissa Aires

Médica integrativa

A MAIORIA DAS DOENÇAS, INCLUSIVE AS DO CÉREBRO, PODE TER VÁRIOS FATORES CAUSAIS. CADA UMA DELAS PODE SE DESENVOLVER DE UMA MANEIRA E A UMA VELOCIDADE.

Esse é um tema tão extenso e importante, que daria um livro por si só. Entretanto, tentarei discorrer de maneira simples sobre como a alimentação pode influenciar e ajudar a prevenir e/ou diminuir a velocidade da evolução das doenças do cérebro. Sempre reforço que é necessário levar em conta a individualidade do paciente e ter o parecer de um profissional especializado.

Nosso cérebro é, sim, sensível àquilo que comemos. Hoje existem estudos correlacionando alimentação inadequada com depressão, memória, problemas de foco, ansiedade, transtorno de humor, Alzheimer e Parkinson.

PARA ENTENDER MELHOR COMO O ALIMENTO INTERFERE NO CÉREBRO, É NECESSÁRIO ANALISAR O QUE ACONTECE QUANDO NOSSO CORPO É EXPOSTO A:

ALIMENTOS COM ALTO ÍNDICE *glicêmico*

Quando ingerimos constantemente esses alimentos (doces, açúcar, carboidratos refinados), muita glicose é jogada na corrente sanguínea e, consequentemente, bastante insulina deve ser secretada para eliminar esse excesso do sangue. Mas se esses picos de insulina se elevam acima do saudável e cronicamente, nossas células se adaptam e não respondem mais a esse hormônio, gerando a resistência insulínica. Em consequência, a glicose aumenta no sangue, podendo causar diabetes tipo 2 e vários outros problemas no corpo, entre eles o Alzheimer, que já é considerado diabetes tipo 3. Muito açúcar no sangue causa um processo de glicação, em que a glicose se liga a proteínas e a certas gorduras, produzindo moléculas que podem tornar duros e inflexíveis alguns tecidos, como os do cérebro. Níveis altos de glicação são associados ao declínio cognitivo e ao envelhecimento celular.

ALIMENTOS *alergênicos*

A sensibilidade a alimentos costuma ser uma reação do sistema imunológico ou acontece por deficiências de enzimas digestivas específicas. Por exemplo, a falta de produção da enzima lactase gera intolerância à lactose. Indivíduos com deficiências enzimáticas não conseguem digerir o alimento, desencadeando sintomas que podem se agravar com o tempo. A ingestão constante de alimentos aos quais se tem maior sensibilidade aumenta o número de anticorpos. Estes atacam a molécula desse alimento, gerando citocinas inflamatórias que podem facilmente atingir o cérebro. Isso acaba por danificar a mucosa do intestino, criando uma permeabilidade intestinal que pode prejudicar a absorção de nutrientes como zinco, triptofano e vitaminas do complexo B, necessários à produção de substâncias como a serotonina (hormônio do bem-estar), o que pode ocasionar depressão. Da mesma maneira, prejudicam a absorção de vitamina D, que regula processos psicológicos e de humor.

O glúten — proteína presente em alguns cereais, como trigo, cevada, centeio, malte, e em muitos produtos industrializados — é um exemplo de alimento que com frequência causa sensibilidade e tem sido muito estudado nos casos de doenças da mente. Outros alimentos que são mais alergênicos e, portanto, devem ser avaliados com cuidado ao programar um plano alimentar protetor do cérebro são o leite de vaca, seus derivados e a soja. Esses alimentos estão no topo da lista, mas não necessariamente são eles que causarão a sensibilidade. Qualquer alimento tem essa capacidade; logo, deve-se sempre avaliá-los individualmente.

Excesso de toxinas no corpo e deficiência de nutrientes podem acelerar o processo de Parkinson e também diminuir a produção de neurotransmissores, como a serotonina e a dopamina, levando à depressão. Tanto a resistência insulínica quanto a ingestão de alimentos alergênicos desencadeiam um processo inflamatório no corpo. Esse processo, quando sai do controle, gera substâncias químicas tóxicas às células, que atingem, inclusive, as células cerebrais. Portanto, diminuir essa inflamação é fundamental para manter o cérebro protegido.

PARA PRESERVAR O CÉREBRO, AJUDÁ-LO A FAZER A NEUROGÊNESE (FORMAÇÃO DE NOVOS NEURÔNIOS) E PROTEGER OS NEURÔNIOS E AS FUNÇÕES EXISTENTES, PODEMOS PRIORIZAR O PROGRAMA DESCRITO A SEGUIR.

PRATICAR *exercício físico*

Exercícios físicos ativam a produção de uma proteína chamada fator neurotrófico derivado do cérebro (BDNF, *brain-derived neurotrophic factor*), que desempenha papel fundamental na criação de neurônios e protege os já existentes.

RESTRINGIR *calorias*

Diminuir a ingestão calórica, ou seja, reduzi-la em torno de 30%, também ativa o gene BDNF e reduz a geração de radicais livres, diminuindo fatores inflamatórios. Há melhorias na memória e em outras funções cognitivas.

É muito importante, nesse processo, manter-se magro, pois a gordura visceral desencadeia processos inflamatórios e aumenta a resistência à insulina, influenciando diretamente na degeneração cerebral.

TER UMA DIETA RICA EM *gordura (do bem)*

O cérebro consiste em mais de 70% de gordura e a usa muito bem como fonte energética. Gorduras boas, como o ômega 3 e as monoinsaturadas (como o azeite), reduzem o processo inflamatório, protegendo o cérebro. Vitaminas A, D, E e K, fundamentais para várias funções cerebrais, precisam de gordura para serem absorvidas. Dependendo do caso, podemos lançar mão de uma dieta cetogênica (que reduz consideravelmente a quantidade de carboidrato, aumenta o consumo das gorduras e, moderadamente, o das proteínas, com o objetivo de esgotar os carboidratos e forçar o corpo a converter gordura em ácidos graxos e corpos cetônicos, que podem ser usados como energia). Esse processo ativa as redes neuronais, reduz os amiloides no cérebro e aumenta, no hipocampo, um antioxidante protetor do cérebro, chamado glutationa, que estimula o crescimento das mitocôndrias e potencializa sua eficiência metabólica. Dietas cetogênicas devem ser prescritas e acompanhadas por um médico ou nutricionista.

É importante também mencionar que o colesterol desempenha papel fundamental na manutenção da saúde e das funções do cérebro. Estudos mostram que o colesterol reduz o risco de doenças cerebrais, aumenta a longevidade e é essencial para o bom funcionamento dos neurônios, pois representa um tijolo construtor de membranas celulares. Tem ação antioxidante e é percursor de importantes elementos de auxílio ao cérebro, como a vitamina D e hormônios, entre eles o estrogênio e a testosterona. É indispensável ressaltar que níveis baixos de colesterol não são aconselháveis quando falamos de proteção cerebral. Entretanto, é necessário conhecer o histórico do indivíduo. Pessoas com casos graves de doenças cardiovasculares devem ter acompanhamento médico.

É essencial deixar claro que uma dieta rica em gordura não é sinônimo de frituras, bacon e gorduras saturadas em geral, mas de um plano alimentar rico em gorduras do bem (monoinsaturadas e poli-insaturadas), como abacate, azeite, óleo de gergelim ou linhaça (qualquer óleo vegetal que não tenha passado por refinamento industrial).

MANTER O INTESTINO *saudável*

O intestino é nossa primeira linha de proteção. Como vimos anteriormente, uma mucosa permeável e irritada permite que toxinas entrem na corrente sanguínea, ativando toda uma cascata inflamatória que pode atingir o cérebro. Alimentar-se com nutrientes importantes para o bom funcionamento do intestino e cuidar da microbiota intestinal ingerindo pré e probióticos regularmente, por meio da alimentação e da suplementação, quando necessário, é fundamental para esse processo.

ADICIONAR NUTRIENTES *protetores*

Uma alimentação equilibrada, variada e livre de alimentos ultraprocessados já garante um espectro de vitaminas, minerais e antioxidantes importantes para a preservação do cérebro. Priorizar alimentos e nutrientes protetores da mente, que serão citados nas próximas páginas, potencializa nossa saúde cerebral.

DORMIR *bem*

A restrição do sono pode aumentar a síntese de grelina (hormônio da fome) e do cortisol (hormônio do estresse que ativa a inflamação), assim como pode reduzir a produção de leptina (hormônio da saciedade) e GH (hormônio do crescimento), que ajuda na detoxificação do corpo e na formação de massa magra. Portanto, dormir bem é um fator fundamental para a saúde da mente.

ALIMENTOS E NUTRIENTES PARA REFEIÇÕES PROTETORAS DA MENTE

• ÓLEO DE COCO

Tem triglicerídeo de cadeia média, um importante precursor de beta-hidroxibutirato (excelente fonte energética para o cérebro). Reduz processos inflamatórios. É possível utilizá-lo para cozinhar ou *in natura* nas preparações. Usar, no máximo, 2 colheres de sopa ao dia.

• CÚRCUMA (AÇAFRÃO)

É um condimento anti-inflamatório e antioxidante. É eficaz em aumentar a secreção de BDNF (que estimula a neurogênese). Produz antioxidantes que protegem as mitocôndrias (responsáveis pela produção de energia nas células e fundamental para a saúde celular).

• DHA (ÁCIDO DOCOSAHEXAENOICO)

Faz parte da composição do ômega 3, representando um importante tijolo para as membranas que envolvem as células cerebrais. Protege células neuronais, bloqueia efeitos negativos de dieta rica em toxinas no cérebro e regula a expressão gênica para a produção de BDNF. Está presente nos alimentos que contêm ômega 3: peixes gordos (salmão, truta, cavala, sardinha), semente de chia, semente de linhaça e beldroega. Infelizmente, hoje, nem todos esses peixes têm boas quantidades de ômega 3, uma vez que muitos são criados em viveiros; como não se alimentam em seu habitat, a formação de ômega 3 fica prejudicada. Além disso, peixes originados de águas contaminadas com metais pesados oferecem risco à saúde, principalmente à saúde da mente. Portanto, é importante conhecer a origem do peixe ingerido.

• GLUTATIONA

É o mais importante desintoxicante do cérebro. Para formar glutationa, precisamos de vitamina B6, B2, B3, coenzima Q10, magnésio, selênio e zinco. O alho é excelente formador de glutationa.

• COMPOSTOS SULFURADOS

Ajudam o corpo a detoxificar e aumentam a eficiência da mitocôndria, auxiliando na desintoxicação e na ativação cerebral.

Fontes: alho, cebola, brócolis, couve, couve-flor, cogumelos e aspargos.

• RESVERATROL

Retarda o processo de envelhecimento celular cerebral, estimula o fluxo de sangue no cérebro e inibe o desenvolvimento das células adiposas, que, em excesso, são inflamatórias. Está presente em uvas roxas e no vinho tinto.

• VITAMINA D

O sistema nervoso está repleto de receptores de vitamina D, que ajuda a regular enzimas no cérebro e o fluido cerebrospinal, envolvidos na produção de neurotransmissores. Protege neurônios de radicais livres e reduz processos inflamatórios.

• CHÁ-VERDE E CAFÉ

Em pequenas quantidades, ativam o Nrf2 — gene que consegue produzir antioxidantes poderosos e enzimas desintoxicantes no corpo e no cérebro. Oferecem uma boa quantidade de fitoquímicos protetores. As doses são individuais, mas, em geral, não se deve ultrapassar 3 xícaras pequenas de café ou 2 chávenas de chá ao dia.

• CACAU

Tem alta concentração de flavonoides, é um excelente anti-inflamatório e tem ação antioxidante. Diminui o declínio cognitivo e melhora a performance cognitiva. Tem ação benéfica sobre o humor.

• IODO

Remove toxinas e metais pesados do corpo. Protege a bainha de mielina (protetora das células nervosas). Algas costumam ser excelentes fontes.

• COENZIMA Q10

Tem potente ação antioxidante, impedindo ou reduzindo danos oxidativos nas nossas células. Ajuda muito na proteção cerebral e das mitocôndrias. Alimentos com maior concentração são: sardinha, miúdos e carnes suína, bovina e avícola; pistache, nozes, feijão-azuqui, espinafre, brócolis, gergelim.

• VITAMINA B1

Atua na manutenção do tecido nervoso, na função e transmissão nervosas. Sua deficiência está relacionada a alterações de humor, como ansiedade, apreensão, irritabilidade, nervosismo, agitação, hiperatividade, Alzheimer e Parkinson. Algumas fontes alimentares são farinha de arroz, pistache, semente de gergelim, aveia e castanha-do-pará.

• VITAMINA B2

Envolvida no metabolismo intermediário e na produção de energia pelas células, é fundamental na proteção da doença de Parkinson. Algumas fontes alimentares são miúdos, ovos, cogumelos, espinafre cozido, agrião e feijão cozido.

• VITAMINA B3

Inibe a formação de radicais livres, atuando como potente antioxidante e facilitando a regeneração de células. Tem forte ação no sistema nervoso central, agindo na prevenção de doenças psíquicas. Algumas fontes são farelo de arroz, semente de girassol, semente de gergelim, batata-doce e goiaba.

• VITAMINA B6

É importante para o metabolismo da serotonina, GABA (ácido gama-aminobutírico) e outros neurotransmissores. Tem ação no desenvolvimento cognitivo e na memória dos idosos. Sua deficiência está relacionada ao aumento de homocisteína e, consequentemente, à doença de Alzheimer. Fontes alimentares: farelo de arroz, alho fresco, semente de girassol, banana crua, abacate, castanha-de-caju, espinafre, lentilha, aveia, batata-doce e semente de gergelim.

• VITAMINA B12

Forma a bainha de mielina, sendo responsável pela saúde neuronal do organismo. Sua deficiência tem sido associada a danos neurológicos, como deficit de memória, disfunções cognitivas e transtornos depressivos. Fontes alimentares: miúdos, sardinha, salmão, ovo inteiro, iogurte, leite, queijo de cabra e carnes em geral.

• ÁCIDO FÓLICO

Sua deficiência está associada a prejuízos da função cognitiva, como perda de memória, demência, depressão, psicose, Alzheimer e neuropatia periférica. Fontes alimentares: folhas verde-escuras, ovos, brócolis, repolho, melão, feijões, miúdos.

PASSOS PARA MANTER UMA BOA SAÚDE DA MENTE

De forma simplificada, estes seriam os passos para manter uma boa saúde da mente:

NÃO INGERIR ALIMENTOS ALERGÊNICOS EM CASO DE SENSIBILIDADE:

- Glúten, soja, leite e derivados costumam ser os mais comuns nas intolerâncias alimentares.
- **ATENÇÃO** aos efeitos de diversos alimentos no seu corpo. Evite aqueles que causem QUALQUER DESCONFORTO.

NÃO EXAGERAR

- Queijos (preferir os mais amarelos, tipo meia cura e da Canastra).
- Iogurtes.
- Chocolate >70%.
- Leguminosas (feijões, lentilha, ervilha, grão-de-bico).
- Frutas ricas em frutose (melão, melancia, banana, ameixa, manga, frutas secas, uva, laranja, pêssego, pera etc.).
- Tubérculos (batata, mandioquinha, inhame, mandioca, batata-doce [preferir esta]).
- Cereais (arroz, quinua, amaranto, aveia etc.).
- Ovos, peixes gordos (salmão, sardinha, truta, cavala etc.), mariscos, camarão, siri, cordeiro, pato e carne de caça. Sempre se preocupar com a origem dessas carnes. De preferência, diminuir a ingestão de carnes (todas, inclusive peixes).

EVITAR

- Óleo vegetal de cozinha (óleos refinados).
- Açúcar e doces.
- Farináceos, principalmente refinados.
- Adoçantes, como aspartame, sucralose e ciclamato de sódio.
- Álcool.
- Glutamato monossódico (presente no molho de soja e em diversos produtos industrializados).

PREFERIR:

- Azeite, óleo de gergelim (cru), óleo de coco, manteiga ghee.
- Oleaginosas (nozes, amêndoas, castanha-de-caju, baru, castanha-do--pará, macadâmia).
- Sementes (linhaça, girassol, abóbora, gergelim, chia).
- Frutas, legumes e vegetais variados, orgânicos e da estação.
- **Priorizar:** abacate, limão, lima, coco, kiwi, frutas vermelhas e roxas, pimentão, pepino, tomate, abobrinha, abóbora, berinjela, alface, couve, espinafre, brócolis, acelga, repolho, cebola, cogumelos, couve--flor, couve-de-bruxelas, alcachofra, broto de alfafa, vagem, aipo, rabanete, nabo e aspargos.
- **Temperos naturais:** ervas (cebolinha, salsinha, alecrim, manjericão etc.) e açafrão.

Parece complicado?

A alimentação no dia a dia pode ser muito simples e eficaz, como você perceberá no nosso dia alimentar apresentado aqui.

Entretanto, é sempre bom lembrar que a quantidade de fitoquímicos e compostos bioativos nos alimentos sofre influência direta das práticas agrícolas aplicadas.

Prefira os alimentos orgânicos e os biodinâmicos, para garantir que os princípios ativos protetores da mente estejam presentes em qualidade e quantidade nos alimentos escolhidos.

Dia alimentar protetor da mente

Omelete com queijo de macadâmia

INGREDIENTES

- Ovo: 2 unidades
- Semente de chia: 1 colher de chá
- Açafrão-da-terra: 1 colher de café
- Sal: a gosto
- Queijo de macadâmia: a gosto
- Azeite ou manteiga ghee: suficiente para untar

MODO DE PREPARO

Com um garfo, bata os ovos; acrescente sal a gosto, o açafrão e a chia. Aqueça uma frigideira e unte com azeite ou manteiga.

Acrescente um pouco do ovo (ou todo, dependendo do tamanho da sua frigideira) e espalhe, cobrindo a frigideira. Deixe até que as bordas se soltem. Vire do outro lado, se desejar. Recheie a gosto com o queijo de macadâmia.

OBSERVAÇÃO: na forma de ovos mexidos misturado com o queijo de macadâmia, fica uma delícia também.

Queijo vegano de macadâmia

INGREDIENTES

- Macadâmias hidratadas: 4 xícaras de chá
- Água: 4 xícaras de chá
- Suco de limão: ½ unidade
- Vinagre de maçã: 1 colher de sopa
- Sal marinho ou rosa: 1 ½ colher de chá

SUGESTÕES DE COBERTURA:

- Ervas secas: orégano, alecrim etc.
- Pimenta calabresa
- Zaatar
- Chia
- Gergelim
- Linhaça

MODO DE PREPARO

Deixe as macadâmias de molho em água filtrada por 4 horas. Escorra e reserve.

Em um liquidificador, bata as macadâmias com a água até formar um creme homogêneo; acrescente o restante dos ingredientes e misture com uma colher.

Coloque a massa em um saco de voal (ou outro tecido com trama bem fina) e pendure-o em um lugar com uma vasilha embaixo, para escorrer por pelo menos 12 horas. Molde os queijos do tamanho que desejar. É possível também passar o queijo em uma cobertura.

Observação:
você pode fazer ovos mexidos e misturar com o queijo de macadâmia amassadinho.

Leite de amêndoas com especiarias

INGREDIENTES

- Amêndoas inteiras: 2 xícaras de chá
- Água: 3 xícaras de chá ou mais, se desejar mais ralo
- Canela em pau: 1 unidade
- Canela em pó: 1 pitada
- Baunilha em fava: ¼ da fava
- Cardamomo: 2 bagas ou mais, se desejar

MODO DE PREPARO

Deixe as amêndoas de molho em água filtrada por pelo menos 4 horas; escorra e bata-as no liquidificador com a quantidade de água da receita ou mais, se desejar um leite mais fino. Coe em um voal ou em uma peneira fina, para passar o mínimo de resíduos. Guarde o bagaço que sobrou para fazer outras preparações, como patês, bolos, biscoitos... Coloque o leite em uma panela, acrescente as especiarias e deixe ferver por 3 minutos. Desligue o fogo, tampe a panela e deixe descansar por mais 3 minutos.

Coe e leve para gelar ou, se desejar, tome quentinho.

Chá-verde com lima

INGREDIENTES

- Erva desidratada de chá-verde: 1 colher de sobremesa
- Água filtrada: 200 ml
- Rodelas de lima: 2 unidades

MODO DE PREPARO

Coloque a água em uma chaleira e leve ao fogo até levantar fervura; acrescente a erva desidratada, as rodelas de lima e desligue o fogo. Tampe a chaleira e deixe em infusão por 5 minutos; coe e tome quente ou gelado.

Tempero de açafrão e alho

INGREDIENTES

- Alho descascado: 1 xícara de chá
- Cebola: ¼ de unidade
- Sal: ½ colher de chá
- Açafrão: 1 colher de chá cheia
- Raspas de limão: opcional
- Pimenta: opcional

MODO DE PREPARO

Bata tudo em um processador, coloque em um pote fechado e guarde na geladeira para temperar suas preparações.

Mix de folhas com carpaccio de rabanete

INGREDIENTES

- Rabanete: 3 unidades grandes
- Cebola em cubinhos: 1 a 2 colheres de sopa
- Cebolinha: 1 colher de sopa
- Suco de limão: 2 colheres de sopa
- Azeite: 4 colheres de sopa
- Sal: a gosto
- Mix de folhas (acelga, repolho, agrião etc.): a gosto

MODO DE PREPARO

Fatie os rabanetes bem finos e coloque-os em água gelada por 5 minutos. Em uma vasilha, misture o suco de limão, o sal, a cebola, a cebolinha e o azeite até que emulsione.

Escorra o rabanete, coloque-o em uma vasilha, cubra com o molho e deixe marinar alguns minutos. Sirva acompanhado das folhas.

Salada de feijão-azuqui com aspargos e cogumelos

INGREDIENTES

- Feijão-azuqui: 1 xícara de chá
- Água para cozinhar: 4 xícaras de chá
- Folha de louro: 1 unidade
- Azeite: 2 colheres de sopa
- Cebola em rodelas finas: ½ unidade média
- Tempero de açafrão e alho (receita na página 36): 1 colher de café
- Aspargos fatiados: 1 xícara de chá
- Cogumelos picadinhos: 1 xícara de chá
- Tomate em cubinhos sem sementes: 1 unidade média
- Suco de limão: ½ unidade
- Cebolinha: a gosto
- Sal: a gosto
- Nozes picadas: ½ xícara de chá

MODO DE PREPARO

Deixe o feijão de molho por algumas horas; escorra e leve para cozinhar com a quantidade de água da receita, a folha de louro e um pouco de sal. Deixe cozinhar até que esteja macio, mas levemente firme ainda. Escorra a água (se restar) e reserve.

Em uma panela, coloque metade do azeite e acrescente a cebola; refogue em fogo baixo até que ela caramelize (fique adocicada e com leve coloração de caramelo).

Acrescente o alho e refogue rapidamente; em seguida, acrescente os aspargos e os cogumelos. Refogue até que estejam cozidos, acrescente o feijão e mexa; coloque o refogado em uma vasilha, acrescente o tomate picado, tempere com o restante de azeite e o suco de limão, acerte o sal e finalize com cebolinha e nozes. Sirva morna ou gelada.

Lascas de salmão assado com molho de tahine e purê de couve-flor e espinafre

SALMÃO ASSADO

INGREDIENTES

- Filé de salmão: 300 gramas
- Tempero de açafrão e alho (receita na página 36):1 colher de café
- Rodelas de limão-siciliano: 3
- Pimenta: a gosto

MODO DE PREPARO

Tempere o salmão com o tempero de açafrão e alho; coloque-o em um refratário untado com um fio de azeite. Acrescente as rodelas de limão por cima do salmão; leve ao forno preaquecido a 200°C por mais ou menos 12 a 15 minutos (depende do tamanho, da espessura e do ponto desejado).

MOLHO DE TAHINE

INGREDIENTES

- Tahine (pasta de gergelim): 2 colheres de sopa
- Água filtrada: 5 colheres de sopa
- Suco de limão: ½ unidade
- Cebolinha e salsinha: a gosto
- Sal: a gosto

MODO DE PREPARO

Misture bem todos os ingredientes até que forme um molho homogêneo; se desejar mais ralo, acrescente mais água.

PURÊ DE COUVE-FLOR E ESPINAFRE

INGREDIENTES

- Azeite ou manteiga ghee líquida: 1 colher de sopa
- Cebola em cubinhos: 3 colheres de sopa
- Tempero de açafrão e alho (receita na página 36): 1 colher de chá ou mais, se desejar
- Couve-flor picada: 2 xícaras de chá
- Espinafre: 2 xícaras de chá
- Pimenta: a gosto
- Castanha-do-pará: 2 unidades

MODO DE PREPARO

Em uma panela, coloque o azeite ou manteiga e refogue a cebola; acrescente o alho, refogue rapidamente e acrescente a couve-flor. Coloque um pouco de água (o suficiente para cozinhar) e leve ao fogo até que esteja bem macia. No liquidificador, bata a couve-flor cozida e acrescente a água do cozimento, se necessário, para ajudar a bater. Acrescente o espinafre e bata até formar um purê liso. Volte para a panela, leve ao fogo e acerte os temperos.

Sirva o salmão em lascas com molho de tahine acompanhado com o purê. Rale a castanha-do-pará por cima para finalizar.

Bolinho de grão-de-bico com abóbora e semente de girassol

INGREDIENTES

- Grão-de-bico: 1 xícara de chá
- Semente de girassol hidratada: 1 xícara de café
- Abóbora cabotiá em cubos: 1 xícara de chá
- Azeite: 1 colher de sopa
- Cebola em cubinhos: 2 colheres de sopa
- Tempero de açafrão e alho (receita na página 36): 1 colher de chá
- Ervas frescas (salsinha, cebolinha, manjericão etc.): a gosto
- Pimenta: a gosto
- Farinha de linhaça dourada ou farinha de quinua: 2 colheres de sopa (para a massa) ou mais, se desejar empanar os bolinhos

MODO DE PREPARO

Deixe a semente de girassol de molho por algumas horas e escorra a água. Cozinhe a abóbora no vapor (de preferência, para não alterar o ponto dos bolinhos) até que esteja bem macia.

Coloque o grão-de-bico de molho por algumas horas e escorra a água; leve-o para cozinhar até que esteja bem macio; bata o grão-de-bico no liquidificador até formar um purê, acrescente a semente de girassol, a abóbora e bata até formar uma massa homogênea.

Em uma panela, coloque o azeite e refogue a cebola e o alho; acrescente a massa de grão-de-bico. Acerte o sal, a pimenta e acrescente as ervas. Desligue o fogo e deixe esfriar. Para dar o ponto, adicione a farinha de linhaça, misture para incorporar e faça bolinhas. Se desejar, passe na farinha de linhaça e leve ao forno a 200°C por aproximadamente 10 a 15 minutos ou até que estejam douradinhos.

Suco de couve, limão e framboesa

INGREDIENTES

- Folha de couve: 2 unidades
- Água gelada: 300 ml
- Suco de limão: ½ unidade
- Framboesa congelada: 1 ½ xícara de chá

MODO DE PREPARO

Bata todos os ingredientes no liquidificador e coe. Sirva bem gelado.

Sopa de brócolis, abobrinha e alho-poró com farofinha de moela

INGREDIENTES

- Brócolis picado: 3 xícaras de chá
- Abobrinha picada: 3 xícaras de chá
- Alho-poró: 2 talos
- Azeite: 2 colheres de sobremesa
- Cebola em cubinhos: 4 colheres de sopa
- Tempero de açafrão e alho (receita na página 36): 1 colher de chá
- Pimenta fresca: a gosto
- Moela: 2 xícaras de chá
- Suco de limão: 2 colheres de sopa
- Açafrão-da-terra: 1 colher de café
- Sal: a gosto
- Creme de castanha-de-caju (receita na página 49): a gosto

MODO DE PREPARO

Limpe bem a moela. Em uma panela de pressão, coloque metade do azeite e doure a metade da cebola; acrescente um pouco de tempero de alho, o açafrão e, por fim, a moela. Deixe dourar, acrescente o suco de limão e cubra com água. Cozinhe por uns 15 minutos ou até que esteja macia. Pique a moela bem pequenininha e doure bem em uma frigideira para ficar sequinha. Reserve.

Em uma panela, coloque o restante do azeite, refogue a outra metade da cebola e um pouco de alho. Acrescente o brócolis, a abobrinha, o alho-poró, um pouco de sal, cubra com água e tampe, deixando que cozinhe por uns 20 minutos ou até ficar bem macio. Coloque os vegetais cozidos no liquidificador e bata. Junte a água do cozimento aos poucos, até obter o ponto desejado. Acerte os temperos (sal e pimenta) e coloque um pouco de creme de castanha-de-caju, se desejar mais cremosa.

Finalize com moela picadinha.

Observação:
se desejar um sabor mais exótico, coloque um pouco de curry na hora de refogar a moela e acrescente um pouco de gengibre na sopa.

Ceviche de camarão com abacate e semente de gergelim

INGREDIENTES

- Camarão: 600 gramas
- Cebola-roxa em rodelas finas: 2 unidades pequenas
- Coentro picado: a gosto
- Abacate em cubinhos: 1 xícara de chá
- Pimenta fresca: a gosto
- Suco de limão: 5 unidades
- Azeite: 1 colher de sobremesa
- Gengibre ralado: a gosto
- Tomate sem semente cortado em cubinhos: 1 unidade
- Sal: a gosto
- Semente de gergelim: a gosto

MODO DE PREPARO

Coloque um pouco de água com sal para ferver. Quando levantar fervura, mergulhe os camarões rapidamente, apenas para dar um choque térmico (pré-cozimento), e escorra em seguida. Reserve-os resfriados.

Em uma vasilha, coloque os camarões, acrescente suco de limão, sal, cebola-roxa, pimenta, azeite, gengibre e coentro; deixe marinar por 20 minutos. Por último, coloque o abacate e o tomate. Misture e sirva bem gelado com um pouco de semente de gergelim por cima.

Creme de castanha-de-caju com cacau e coco

INGREDIENTES

- Creme de castanha-de-caju: 2 xícaras de chá
- Leite de coco caseiro: 150ml
- Cacau em pó: 1 colher de sopa cheia
- Tâmaras hidratadas: 2 unidades
- Chocolate 70% picado: 100 gramas
- Sal: 1 pitada
- Coco ralado ou bagaço do leite de coco: 3 colheres de sopa
- Açúcar de coco: 3 colheres de sopa

MODO DE PREPARO

Em uma panela, coloque o leite de coco, o chocolate, o cacau, a pitada de sal e as tâmaras hidratadas e picadas; aqueça até que o chocolate tenha derretido.

Em seguida, coloque esse creme no liquidificador, acrescente o creme de castanha-de-caju e bata bem até que forme um creme liso. Leve para a geladeira na vasilha em que for servir.

Em uma panela, coloque o açúcar de coco e deixe até que comece a derreter; acrescente o bagaço de coco e misture para incorporar ao açúcar. Retire e deixe esfriar para ficar crocante. Sirva sobre o creme de caju gelado.

CREME DE CASTANHA-DE-CAJU

INGREDIENTES

- Castanha-de-caju crua: 1 xícara de chá
- Água filtrada: 2 xícaras de chá

MODO DE PREPARO

Deixe a castanha de molho em água filtrada por 4 horas. Escorra e bata as castanhas com a quantidade de água da receita até que forme um creme espesso. Se desejar mais fino, coloque mais água.

LEITE DE COCO CASEIRO

INGREDIENTES

- Coco fresco picado: 2 xícaras de chá
- Água morna: 4 xícaras de chá

MODO DE PREPARO

No liquidificador, bata o coco com a água até formar um creme.

Peneire e reserve o bagaço para utilizar em outras preparações, como bolos e doces. A quantidade de água dependerá da textura desejada do leite. Ajuste para seu paladar e para as preparações.

Capítulo 2

PANCS
(PLANTAS ALIMENTÍCIAS NÃO CONVENCIONAIS)

APRESENTAÇÃO

O surgimento da agricultura, há dez mil anos, impactou consideravelmente as relações humanas com a natureza e com a alimentação natural. Durante a Revolução Verde, que inseriu tecnologias de guerra no contexto da agricultura, foram adicionados maquinários e, com eles, herbicidas, aditivos, conservantes e vários elementos químicos para que o alimento durasse mais tempo e o retorno financeiro fosse maior. Nesse contexto, passamos de cultivadores a consumidores, distanciando-nos do conhecimento sobre a origem do que comemos, abrindo pacotes e nos alimentando de comidas prontas, rápidas e de fácil acesso.

Com isso, perdeu-se qualidade, nutrição e vitalidade. Surgiram doenças e um corpo desvitalizado e desconectado de sua essência. Portanto, se faz necessário um movimento de reconexão com a natureza do ser e com a autorresponsabilidade diante das escolhas alimentares e de seus respectivos impactos — social, econômico, ambiental e na saúde de cada ser humano.

A busca pelos saberes tradicionais, unidos à ciência contemporânea, nos trará de volta saúde e vitalidade. Juntos, os saberes populares e científicos nos possibilitam o conhecimento sobre a origem do alimento consumido e nos inspiram a estabelecer contato e uma relação de parceria com o(a) agricultor(a) e as infinitas possibilidades de alimentos disponíveis para nossa nutrição.

Retomar o consumo das Pancs e criar movimentos e iniciativas para que sejam incorporadas à alimentação cotidiana da população é um ato necessário para a soberania alimentar e a sustentabilidade, para fortalecer o movimento da agricultura familiar, de alimentos livres de agrotóxicos e reconectar o ser humano com sua natureza e essência originais.

Neste livro, e em especial neste capítulo, você encontrará informações valiosas e inspirações para participar desse movimento, resgatando saberes tradicionais, incentivando a biodiversidade alimentar e criando possibilidades para uma nutrição completa e para a vitalidade positiva. O conhecimento é apenas o primeiro passo para o despertar. Por isso, é importante que você também incorpore as receitas à sua alimentação, incentive os(as) agricultores(as) locais à comercialização das Pancs e participe ativamente do cultivo dos seus alimentos, transformando o quintal de casa, identificando as plantas na rua e compartilhando esses conhecimentos.

Isabela Ferreira

Nutricionista e consultora de Pancs

As Pancs

SÃO FRUTOS, FRUTAS, FOLHAS, FLORES, RIZOMAS, SEMENTES E OUTRAS ESTRUTURAS OU PARTES DAS PLANTAS QUE PODEM SER CONSUMIDAS PELOS HOMENS.

São partes de plantas não convencionais, mas também partes não convencionais de plantas comuns, como a casca de banana. São plantas e partes que normalmente não consumimos, por falta de hábito ou de conhecimento. Inclusive, muitas dessas plantas são consideradas "daninhas" ou "invasoras" e, com isso, são subestimadas e negligenciadas. Entretanto, com os novos estudos, vamos redescobrindo essas espécies, seu uso e todo o seu potencial nutricional e medicinal.

O Brasil tem a maior biodiversidade do mundo, com aproximadamente de 15% a 20% das espécies de plantas do planeta. Mas acabamos por cultivar poucas e privilegiar as espécies estrangeiras.

Hoje sabemos que é necessário buscar métodos produtivos mais sustentáveis, com baixo impacto ambiental, que contribuam para a saúde do planeta e, ainda, resultem em alimentos mais nutritivos.

A maioria das Pancs tem crescimento espontâneo, requer cultivo simples e é pouco exigente, e tem forte poder de adaptação ao meio ambiente, possibilitando seu cultivo em quaisquer locais, com baixo impacto ambiental e custos inferiores aos do cultivo convencional.

Tentar conhecer mais e cultivar as Pancs traz a valorização de nossas plantas nativas com muito potencial de exploração e exportação e, ainda, oferece uma possibilidade de agricultura mais sustentável.

Existem inúmeras plantas alimentícias não convencionais, várias já classificadas. Baseei-me nas plantas classificadas no livro *Plantas alimentícias não convencionais (Panc) no Brasil*, de Valdely Ferreira Kinupp e Harri Lorenzi, um lindo trabalho em que os autores classificam mais de trezentas espécies e nos incentivam a ir atrás dessas plantas em nosso entorno. Foi exatamente o que fiz para elaborar o conteúdo deste capítulo. De início, olhei ao redor; encontrei algumas em meu próprio quintal, no bairro e na vizinhança. Plantei outras, pedi para pessoas mais especializados plantarem, fui a feiras e, ainda, pedi para amigos de outros lugares do Brasil.

Se cada um de nós se aventurar um pouquinho nessa busca, divulgar esse conhecimento e aumentar a demanda, podemos ajudar o Brasil a trilhar um caminho mais sustentável. Quem sabe assim essas plantas não convencionais se tornam mais convencionais e mais presentes em nosso prato?

Nosso dia alimentar Panc

É possível achar uma Panc quando menos se espera: no seu jardim, na rua ou no mercado, ou mesmo não achar a planta que queria para fazer aquela receita específica. Esta é a ideia: fazer receitas com o que se tem na estação e na hora da preparação. Sempre que precisar, substitua. É divertido e estimula a criatividade. Montamos o cardápio deste capítulo com o que tínhamos na semana da produção e usamos essas e outras Pancs nos próximos capítulos também.

Suco de goiaba com trevo-roxo

INGREDIENTES

- Goiaba vermelha: 1 unidade
- Trevo-roxo: 3 ramos
- Água: 350 ml
- Limão-china: ½ unidade espremido

MODO DE PREPARO

Corte a goiaba em pedaços menores. Coloque-a, juntamente com a água, o suco de limão e os trevinhos, no liquidificador e bata bem. Peneire se quiser eliminar os restos da semente de goiaba.

Panc: Trevo-roxo *(Oxalis triangularis)*

Comum em terrenos baldios, áreas agrícolas e jardins. Cresce espontaneamente, sendo considerada uma planta "daninha". Pode ser consumida crua ou cozida. Fonte de antocianina, um poderoso antioxidante.

Cuidado: rica em ácido oxálico, portanto, seu consumo deve ser moderado (não consumir todos os dias). Pessoas com problemas renais devem evitá-la.

Omelete com beldroegas

INGREDIENTES

- Ovos: 2 unidades
- Couve: 1 folha grande
- Beldroega: 2 colheres de sopa
- Sal: a gosto
- Azeite ou manteiga ghee: para untar

MODO DE PREPARO

Bata os ovos com a couve e o sal no liquidificador. Aqueça uma frigideira antiaderente e unte, se necessário. Coloque um pouco ou toda a mistura na frigideira (dependendo do tamanho do omelete desejado). Espalhe para cobrir todo o fundo. Jogue as folhas de beldroega por cima e cozinhe até que as bordas comecem a se soltar. Se desejar, vire para dourar do outro lado. Sirva aberto, enrolado, fatiado ou mesmo recheado.

Panc: Beldroega (*Portulaca oleracea*) ou caaponga, verdolaga, porcelana, beldroega-da-horta

É uma planta que cresce espontaneamente em solos agrícolas. Considerada planta "daninha" em pomares, hortas e jardins. Suas folhinhas suculentas e seus ramos são comestíveis crus ou em preparações quentes. É muito especial por ser rica em ômega 3. É fonte também de vitaminas do complexo B e C, magnésio e zinco, além de ser bastante antioxidante.

Pãozinho de queijo de araruta com açafrão e folhas de moringa

INGREDIENTES

- Fécula de araruta: 1 xícara de chá
- Azeite: ¼ de xícara de chá
- Manteiga ghee: 1 colher de chá
- Água: ½ xícara de chá
- Queijo meia cura ralado: 1 xícara de chá
- Ovos: 2 unidades
- Folhas de moringa fresca: 1 colher de sopa
- Açafrão em pó: 1 colher de chá
- Sal: 1 colher de chá cheia ou a gosto

MODO DE PREPARO

Em uma panela, coloque a água, o azeite, o açafrão e o sal. Leve para aquecer.

Coloque a araruta em uma vasilha e jogue essa mistura quente sobre a fécula para escaldar. Misture até que esfrie levemente.

Acrescente os ovos, o queijo, a manteiga ghee e as folhas de moringa. Misture bem até formar uma massa homogênea. Coloque um pouco da massa em uma sanduicheira elétrica (de preferência) ou em uma pequena frigideira. Deixe até assar. Se fizer na frigideira, vire, para assar bem dos dois lados. Sirva quentinho logo em seguida.

OBSERVAÇÃO: a araruta deixa a preparação mais seca que o polvilho de mandioca; por essa razão, deve-se servir o pãozinho logo após assar.

Panc: Moringa (*Moringa oleífera*)) ou quiabo-de-quina, ben tree, drumstick tree

Cultivada para uso medicinal. Suas folhas e frutos jovens, flores, raízes e sementes podem ser consumidos. As folhas podem ser usadas cruas em saladas ou em preparações quentes, como infusões. Tem alta concentração de proteínas, cálcio, ferro e fibras. Apresenta também ácido fólico, vitaminas do complexo B e carotenoides. Excelente para modular a inflamação e os desequilíbrios do estresse oxidativo no organismo.

Panc: Araruta (*Maranta arundinacea*) ou raruta, maranta, arrowroot

É uma planta cultivada para a produção de fécula a partir de seus rizomas. Eles devem ser triturados para a produção de polvilho e utilizados em várias preparações.

Pinhão cozido com canela

INGREDIENTES

- Pinhão: 1 xícara de chá
- Canela em pau: 1 unidade
- Canela em pó: a gosto
- Água: 2 xícaras ou o suficiente para cobrir

MODO DE PREPARO

Coloque a água, os pinhões e o pau de canela em uma panela de pressão e leve para cozinhar por aproximadamente 30 minutos após pegar a pressão. Desligue o fogo, deixe sair a pressão e retire os pinhões para descascar. É mais fácil descascá-los ainda quentes. Polvilhe com canela em pó e sirva. É um lanche gostoso e saudável.

RENDIMENTO: Serve 2 pessoas.

Panc: Pinhão (*Araucaria angustifolia*) ou pinheiro, pinheiro-do-paraná, pinho, curi, cuiúva

É uma árvore que pode chegar de 20 a 50 metros de altura. O pinhão é a semente, que fica nas pinhas, e essa semente é bastante consumida no sul do país, cozida ou como insumo no preparo de vários pratos. O pinhão é rico em carboidrato, mas tem baixo índice glicêmico.

É uma excelente fonte de magnésio, cobre, ferro e vitaminas do complexo B. Tem boa distribuição de ácidos graxos e aminoácidos. Funciona como prebiótico, ajudando a modular a microbiota intestinal.

Carpaccio de yacon com pesto de vinagreira

INGREDIENTES

- Batata-yacon: 1 unidade
- Folhas de vinagreira: 5 unidades
- Azeite: 3 colheres de sopa
- Suco de limão: 1 unidade
- Sal: a gosto

MODO DE PREPARO

Para o pesto, bata as folhas de vinagreira sem o talo com o azeite, o suco de limão e o sal até misturar bem. Como a vinagreira é bem fibrosa, as folhas não ficam totalmente trituradas. Descasque a batata-yacon e corte-a em fatias bem finas. Disponha em uma travessa e regue com o pesto. Sirva com um mix de folhas ou brotos de sua preferência.

Panc: Yacon (*Smallanthus sonchifolius*) ou batata-yacon, batata-do-diabético

Era cultivada pelos incas para a produção de raízes tuberosas. Com a descoberta de suas propriedades medicinais, seu cultivo se espalhou por todo o mundo. No Brasil, é mais forte nas regiões Sul e Sudeste. Podemos consumir suas raízes tuberosas cruas ou de outras formas. Se consumida crua, como fruta, tem gosto de pera-de-água. Pode também ser misturada a saladas. Crua, ela fica mais crocante. Pode ser ralada e triturada, colocada em sucos ou cozida e assada. É muito rica em inulina, uma fibra solúvel que funciona como prebiótico, contribuindo para seu equilíbrio, além de diminuir a absorção de glicose (por isso o nome batata-do-diabético).

Panc: Vinagreira (*Hibiscus sabdariffa*) ou hibisco, rosela, groselha, groselheira, caruru-azedo, quiabo-azedo

Cultivada para fins ornamentais ou de consumo. Frutos, hastes, folhas jovens e sementes podem ser consumidas. Suas folhas podem ser utilizadas como hortaliça folhosa. Tem sabor azedinho e muito gostoso. Os cálices florais são excelentes para utilizar em preparações como sucos, geleias, sorvetes e outras. É rica no antioxidante antocianina.

Panc: Taioba (*Xanthosoma taioba*)

É uma planta muito utilizada na alimentação no interior de Minas Gerais e do Rio de Janeiro. Suas folhas e seus talos são utilizados sempre bem cozidos ou refogados, para diminuir substâncias que podem causar coceiras. É muito rica em oxalato de cálcio, que diminui com o cozimento, contribuindo para o melhor aproveitamento nutricional da folha e para seu sabor. É boa fonte de proteína, fibras, cálcio, magnésio, ferro, potássio, betacaroteno e luteína.

Observação: por ser rica em oxalatos, não deve ser consumida diariamente; pessoas com graves problemas renais não devem consumi-la.

Cuidado: a taioba é muito semelhante à folha de inhame (Colocasia); porém, esta última não pode ser consumida. A taioba tem uma nervura que contorna a borda de sua folha. Assegure-se sempre de que está ingerindo a planta certa.

Galinhada com taioba

INGREDIENTES

- Arroz-cateto: 1 xícara de chá
- Sobrecoxa: 600 gramas
- Cebola picadinha: ½ unidade grande
- Alho amassado ou tempero de açafrão e alho (receita na página 36): 1 colher de sopa
- Açafrão em pó: 1 colher de sobremesa
- Pimenta fresca: a gosto
- Pimenta-do-reino: a gosto
- Taioba: 1 folha pequena
- Cebolinha: a gosto
- Sal: a gosto
- Azeite: 1 colher de sopa

MODO DE PREPARO

Tempere as sobrecoxas com a metade do alho, sal e pimenta a gosto. Aqueça uma panela, coloque o azeite e leve a cebola para dourar. Acrescente as sobrecoxas e vá dourando-as, pingando água para não queimar. Quando estiverem no ponto, adicione água até cobri-las. Deixe que cozinhem em fogo baixo por uns 20 minutos ou até estarem macias. Retire e desfie em pedaços grandes. Reserve com o caldo.

Na mesma panela, acrescente um fio de azeite e refogue o restante do alho. Adicione o arroz, o açafrão e refogue por um minuto. Junte o frango e o caldo, coloque um pouco de pimenta e, se necessário, coloque mais água (o caldo deve ultrapassar em dois dedos o arroz). Ajuste o sal e abaixe o fogo. Deixe cozinhar até que o arroz fique macio (em média, 20 minutos).

Coloque água para ferver, mergulhe a folha de taioba e deixe que cozinhe por uns 2 minutos; retire-a e passe na água fria. Fatie em tiras finas e acrescente-a à galinhada ainda quente, misture bem e finalize com a cebolinha picada.

RENDIMENTO: Serve de 3 a 4 pessoas.

Tutu de feijão-guandu

INGREDIENTES

- Feijão-guandu: 1 ½ xícara de chá
- Azeite ou manteiga ghee: 1 colher de sopa
- Cebola picadinha: 2 colheres de sopa
- Tempero de açafrão e alho (receita na página 36): 1 colher de sobremesa
- Pimenta fresca: a gosto
- Cebolinha ou salsinha: a gosto
- Farinha de mandioca: 4 colheres de sopa

MODO DE PREPARO

Coloque o feijão-guandu em uma panela normal e cubra com água (1 dedo acima). Leve para cozinhar por aproximadamente 1h20m em fogo baixo e, se necessário, acrescente água aos poucos. Se quiser acelerar o processo, cozinhe na panela de pressão por 30 a 40 minutos ou até estar bem macio. Bata o feijão cozido com 2 xícaras de água (se tiver sobrado a água do cozimento, utilize-a) no liquidificador até formar um purê espesso. Use mais ou menos água, se necessário.

Em uma panela, coloque o azeite ou a manteiga ghee e acrescente a cebola. Doure levemente, coloque o alho, refogue por um minuto e adicione o feijão batido. Tempere com sal e pimenta, acrescente a farinha de mandioca e cozinhe em fogo baixo por uns 10 minutos. Ajuste a textura do tutu de acordo com sua preferência. Se desejá-lo mais mole, acrescente mais água (se tiver sobrado o caldo de frango da galinhada, utilize-o para agregar mais sabor).
Finalize com as ervas frescas picadinhas e pimenta-de-cheiro.

RENDIMENTO: Serve de 3 a 4 pessoas.

Feijão-guandu (*Cajanus cajan*) ou andu, guando, feijão-andu, ervilha-do-congo

No Brasil, é mais cultivado no Nordeste. É utilizado em sistemas agroflorestais como fixador de nitrogênio na terra. Espécie rústica, rica em proteína.

Bolinho de milho

INGREDIENTES

- Milho: 3 espigas
- Sal: 1 colher de café ou a gosto
- Cebolinha e salsinha frescas: a gosto
- Pimenta fresca: a gosto
- Manteiga ghee: 1 colher de chá

MODO DE PREPARO

Debulhe as espigas e bata os grãos de milho no liquidificador até formar um creme. Coloque em uma vasilha e tempere com as ervas, o sal e a pimenta. Aqueça uma frigideira antiaderente, unte com a manteiga e coloque porções do tamanho do bolinho desejado. Deixe cozinhar em fogo baixo até que comece a dourar. Vire-os e doure do outro lado.

Vinagrete de mamão verde

INGREDIENTES

- Mamão verde: 1 unidade pequena
- Cebola-roxa: ½ unidade pequena
- Tomate: 1 unidade pequena
- Cebolinha: a gosto
- Suco de limão: 2 unidades ou a gosto
- Azeite: 3 colheres de sopa
- Sal: a gosto

Panc: Mamão verde (*Carica papaya*)

O mamão é uma fruta convencional, mas, quando usado verde, é considerado um uso não convencional.

MODO DE PREPARO

Descasque o mamão com as mãos dentro de uma vasilha com água. Passe no ralador e enxágue com água fria. Coloque em uma vasilha, esprema 1 limão e misture. Deixe por 1 hora, para "cozinhar" um pouco o mamão. Corte a cebola-roxa em fatias finas. Deixe-as de molho em água gelada por uns 10 minutos, para diminuir a acidez e ficar mais crocante. Escorra.

Corte o tomate ao meio, retire as sementes e pique-os em cubinhos. Em uma vasilha, coloque o mamão ralado, acrescente o tomate, a cebola e tempere com o restante do suco de limão, o azeite e o sal. Finalize com a cebolinha picada.

Dica: Aproveite as sementes não utilizadas do tomate para preparar molhos.

Nhoque de banana com pesto de trapoeraba e castanha

NHOQUE

INGREDIENTES

- Banana-da-terra madura: 3 unidades médias
- Farinha de aveia: ⅓ de xícara de chá ou mais, se necessário
- Sal: ½ colher de chá ou a gosto
- Açafrão: 1 colher de chá
- Azeite: 1 colher de sopa

MODO DE PREPARO

Lave bem as bananas e coloque-as num tabuleiro. Leve ao forno preaquecido a 220°C por aproximadamente 20 minutos ou até estarem com a casca bem escura e cozidas. Retire a casca e amasse bem as bananas ou bata-as com ajuda de um mixer. Deixe esfriar levemente. Acrescente sal a gosto, uma colher de sopa de azeite, o açafrão e a farinha de aveia. Amasse para dar o ponto e ficar homogêneo. Coloque um pouco de farinha de aveia na bancada ou na tábua e forme rolinhos com a massa. Corte-os do tamanho que desejar e reserve. Na hora de servir, coloque um fio de azeite numa frigideira antiaderente e acrescente os nhoques. Deixe que dourem levemente.

OBSERVAÇÃO: a quantidade de farinha do nhoque pode mudar dependendo da quantidade de água da banana; portanto, não ache que seu nhoque deu errado caso a massa fique mole demais. Basta acrescentar mais farinha aos poucos até conseguir a textura desejada. É importante que as bananas não estejam quentes quando acrescentar a farinha.

NHOQUE

INGREDIENTES

- Azeite: ⅓ de xícara
- Trapoeraba: 1 xícara de chá
- Manjericão: ½ xícara de chá
- Castanha-de-caju: 5 unidades
- Sal: a gosto
- Suco de limão: 2 colheres de sopa

MODO DE PREPARO

Coloque um pouco de água para ferver. Mergulhe as folhas de trapoeraba nessa água por 10 segundos. Retire-as e passe na água gelada. Em um processador ou liquidificador, coloque todos os ingredientes e bata até formar um molho espesso.

Coloque sobre o nhoque quente ou, se desejar, aqueça-o em uma frigideira junto com o nhoque. Servimos na folha do coração da banana.

OBSERVAÇÃO: já mencionei que nem sempre encontramos a Panc de que precisamos para uma receita específica. Neste caso, se não encontrar a trapoeraba, faça pesto com o que achar (rúcula, agrião, manjericão, salsinha, cebolinha, vinagreira, azedinha, ora-pro-nóbis etc.).

Panc: Trapoeraba (*Tripogandra diuretica*) ou trapoeraba-rosea, ondas-do-mar, trapuerava, tracoeraba

Cresce espontaneamente em locais semissombreados e muito úmidos. Suas folhas e seus ramos jovens são comestíveis. É importante branquear ou cozinhar as folhas antes de ingerir. Rica em minerais e vitaminas.

Trufa de baru e coco

INGREDIENTES

- Castanha de baru: 1 xícara de chá
- Cacau em pó: 2 colheres de sobremesa
- Coco fresco ralado: ½ xícara de chá
- Tâmaras: 3 unidades
- Óleo de coco derretido: 1 colher de sobremesa
- Açúcar de coco: 2 colheres de sobremesa
- Melado: 1 colher de sopa

MODO DE PREPARO

Descasque as castanhas de baru e deixe-as de molho em água filtrada por uma hora. Escorra e reserve. Em um processador ou liquidificador, coloque todos os ingredientes e bata até formar uma massa firme. Se necessário, pare o processo e vá mexendo com uma colher. Molde bolinhas do tamanho desejado e passe no cacau ou coco ralado, como preferir.

Panc: Baru (*Dipteryx alata)* ou barujo, cumaru, cumbaru, cumaruarana, coco-feijão, baru nuts

Nativa da região Centro-Oeste, é uma castanha de gosto delicioso, que apenas recentemente começou a ser valorizada. Pode ser ingerida sozinha ou em várias preparações. É rica em proteína, ferro, zinco e antioxidantes.

Tem nutrientes que modulam a função hormonal, imunológica e cardiovascular.

Bolo de banana com casca e flores de chuva-de-ouro

INGREDIENTES

- Banana-prata ou nanica com casca: 4 unidades
- Ovos: 3 unidades
- Óleo de coco: ¼ de xícara de chá
- Açúcar mascavo: ½ xícara de chá (se utilizar nanica) ou 1 xícara de chá (se utilizar prata)
- Farinha de aveia ou aveia em flocos finos: 2 xícaras de chá
- Farinha de amêndoas: 1 xícara de chá
- Canela em pó: 1 colher de sobremesa ou a gosto
- Fermento em pó: 1 colher de sopa
- Flores de chuva-de-ouro: a gosto

MODO DE PREPARO

Unte com um pouco de óleo de coco uma forma de bolo média (aprox. 25cm); polvilhe um pouco de açúcar mascavo e canela. Preaqueça o forno a 180°C. Lave bem as bananas, pois utilizaremos a casca; corte as pontas pretas e descasque as bananas em seguida. Em um liquidificador, coloque as cascas de banana, o óleo de coco, o açúcar mascavo e os ovos. Bata bem até que forme um creme liso. Amasse as bananas com um garfo, coloque-as numa vasilha funda, acrescente o creme do liquidificador e misture bem; acrescente a canela, a aveia e a farinha de amêndoa. Misture novamente e, por último, coloque o fermento, mexendo delicadamente.

Coloque a massa na forma e leve ao forno por 35 a 40 minutos. Deixe esfriar e desenforme. Cubra com as flores (já bem lavadas) e sirva.

OBSERVAÇÃO: você pode fazer esse bolo com diferentes sabores acrescentando especiarias variadas (cardamomo, cravo, gengibre em pó), castanhas picadas, uva-passa ou damasco.

Se desejar fazer minibolos, lembre-se de que o tempo de cozimento varia de acordo com o tamanho, portanto, faça o teste do palito para saber se está assado. Enfie o palito no bolo: se sair limpinho, está pronto!

Bolos com farinhas de castanhas e frutas têm prazo de validade menor; se preferir, guarde-o cortado em pedaços na geladeira e retire com um pouco de antecedência sempre que for comer, ou então, aqueça levemente.

Panc: Chuva-de-ouro (*Cassia fistula*)

É uma árvore amplamente cultivada em todo o Brasil como arborização urbana e ornamentação. As flores são comestíveis e podem ser usadas cruas ou cozidas, em pratos doces e salgados.

Panc: Ora-pro-nóbis (*Pereskia aculeata*) ou lobrobô, carne-de-pobre, guaiapá

Comum nos quintais e hortas de casas mineiras. Suas folhas, flores e frutos são usados na culinária de várias formas. Tem alta qualidade nutricional. É muito rica em proteínas (tem vários aminoácidos essenciais), o que a torna uma opção proteica vegetal de grande valor. Excelente fonte de carotenoides (o que ajuda nas deficiências de vitamina A). É fonte, ainda, de fibras solúveis, cálcio, magnésio, zinco, ferro, manganês e fósforo. Recomenda-se cozinhar ou refogar antes de ingerir.

Esfirra de ora-pro-nóbis e queijo

MASSA

INGREDIENTES

- Farinha de trigo integral: 150 gramas
- Farinha de aveia: 50 gramas
- Água morna: 150ml
- Fermento biológico seco: 5 gramas
- Açúcar demerara: 2 colheres de chá
- Sal: 1 colher de chá
- Azeite: 50ml

MODO DE PREPARO

Em uma vasilha pequena, coloque o fermento biológico, 1 colher de chá de açúcar e 1 colher de chá de farinha de trigo; acrescente um pouco da água morna, suficiente para que dissolva o fermento e forme uma pasta.

Deixe descansar por alguns minutos até que o fermento comece a desenvolver. Atenção: a água deve estar em uma temperatura suportável para as mãos, pois se estiver muito quente, pode "matar" o fermento.

Em uma vasilha, coloque o restante da farinha de trigo, a farinha de aveia, o restante do açúcar, o sal e, aos poucos, o azeite e a água. Adicione o fermento, misture e amasse bem até que se tenha uma massa homogênea e macia. Deixe descansar por uns 20 a 30 minutos ou até que tenha praticamente dobrado de tamanho.

Faça bolinhas pequenas com a massa. Abra uma a uma com o auxílio de um rolo, forme círculos finos e coloque um pouco de recheio no centro de cada um. Una as pontas formando uma estrela, coloque-as em um tabuleiro antiaderente e leve ao forno preaquecido na temperatura máxima (250°C a 300°C) por aproximadamente 6 minutos ou até estarem assadas.

RENDIMENTO: Aproximadamente 8 unidades.

OBSERVAÇÃO: essa massa é bem versátil e pode ser usada como base de pizza ou wrap. Para fazer pizza, abra um círculo fino, faça alguns furinhos com um garfo e leve ao forno por aproximadamente 6 minutos ou até que esteja crocante.

RECHEIO

INGREDIENTES

- Queijo da Canastra ralado: 2 xícaras de chá
- Ora-pro-nóbis: 2 xícaras de chá
- Cebola picada: 1 colher de sopa
- Azeite: 1 colher de chá
- Sal: a gosto

MODO DE PREPARO

Pique o ora-pro-nóbis. Em uma panela, coloque o azeite, acrescente a cebola e, quando começar a dourar, junte o ora-pro-nóbis e refogue por uns 3 minutos. Coloque uma pitada de sal. Deixe esfriar e misture ao queijo ralado.

Suco de tangerina com picão-branco e cálice de hibisco

INGREDIENTES

- Tangerina: 2 unidades pequenas
- Picão-branco: ½ xícara de chá
- Cálice floral de hibisco: 1 botão

MODO DE PREPARO

Esprema a tangerina para retirar o suco. Bata o suco com as folhas de picão-branco e o cálice floral de hibisco. Coe, se desejar.

Panc: Vinagreira (*Hibiscus sabdariffa*) ou hibisco, rosela, groselha, groselheira, caruru-azedo, quiabo-azedo

O cálice floral da vinagreira (já mencionado anteriormente) é chamado de groselha, sendo usado para sucos, sorvetes, geleias e muitas outras preparações. É rico em antocianinas, que são muito antioxidantes.

Panc: Picão-branco (*Galinsoga parviflora*) ou guasca, fazendeiro, botão-de-ouro

É uma planta espontânea nas lavouras, hortas e pomares, considerada "daninha". Suas folhas jovens podem ser consumidas em saladas cruas ou cozidas, sucos, sopas, farofas, bolinhos, entre outras. Fonte de fibras, cálcio, ferro, magnésio, manganês e zinco.

Folha de peixinho e flor de abóbora empanados

INGREDIENTES

- Folha de peixinho: 8 unidades
- Flor de abóbora: 8 unidades
- Fubá: 1 xícara de chá
- Limão: 2 colheres de sopa
- Sal: a gosto
- Pimenta-do-reino: a gosto
- Ovo: 1 unidade

MODO DE PREPARO

Tempere as folhas e as flores com sal, pimenta-do-reino e limão. Quebre o ovo e bata levemente. Passe as folhas e as flores no ovo e, em seguida, no fubá, para empaná-las. Reserve. Em uma frigideira antiaderente, coloque azeite e grelhe as folhas e flores aos poucos, até dourarem e ficarem crocantes.

OBSERVAÇÃO: se preferir, frite-as em imersão.

Panc: Flor de abóbora (*Cucurbita pepo*)

As flores de abóbora podem ser ingeridas. São tradicionalmente consumidas empanadas, mas podem ser usadas para o preparo de bolinhos, cozidas no arroz, risotos, suflês, sopas e muito mais.

Panc: Peixinho-da-horta (*Stachys byzantina*) ou orelha-de-lebre, orelha-de-cordeiro, pulmonária

É muito cultivada no Sul e Sudeste do Brasil para fins ornamentais e para consumo como verdura. A melhor forma de saboreá-la é empanando e fritando-a levemente no azeite. Fica crocante, com formato e leve sabor de peixe. Sua ação antimicrobiana tem sido estudada.

Empanado de robalo com ceviche de guariroba ao leite de coco e manga

PEIXE

INGREDIENTES

- Robalo ou peixe de sua preferência: 2 porções de aproximadamente 200 gramas
- Sal: a gosto
- Pimenta-do-reino: a gosto
- Raspas de limão-siciliano: 1 colher de sobremesa
- Ovo: 1 unidade
- Alho amassado: 1 colher de chá

MIX PARA EMPANAR

INGREDIENTES

- Flocos de milho orgânicos: 2 xícaras de chá
- Flocos de aveia: 1 xícara de chá
- Levedura nutricional: 2 colheres de sopa (opcional)
- Farinha de linhaça dourada: ½ xícara de chá
- Páprica doce ou picante: a gosto

MODO DE PREPARO

Tempere o peixe com sal, pimenta, alho e raspas de limão. Quebre o ovo e bata ligeiramente.

Bata rapidamente os flocos de milho no processador, para que fiquem menores; misture o restante dos ingredientes para formar o mix de farinhas.

Preaqueça o forno entre 220°C e 250°C. Passe o peixe no ovo batido, retire o excesso e passe no mix de farinhas, empanando-o bem dos dois lados. Unte levemente um tabuleiro antiaderente e leve-o ao forno por aproximadamente 15 minutos; se necessário, vire na metade do tempo, para dourar do outro lado.

OBSERVAÇÃO: o tempo de forno pode variar para mais ou menos, dependendo da espessura e do tipo do peixe utilizado. Fique atento!

Panc: Guariroba (*Syagrus oleracea*) ou gariroba, gueriroba, gueroba, palmito-amargoso

Planta cultivada para a produção de palmito, particularmente em Goiás. Pode ser utilizada fresca ou em conserva, bem como refogada. Tem a aparência do palmito convencional, mas o gosto é mais amargo. É excelente para misturar nos recheios de tortas, omeletes, arroz ou refogados com cogumelos e vegetais.

CEVICHE

INGREDIENTES

- Guariroba em conserva: 1 xícara de chá
- Manga em cubinhos: ½ xícara de chá
- Tomate em cubinhos: ½ unidade
- Cebola-roxa em cubinhos: 2 colheres de sopa
- Coentro picado: a gosto
- Leite de coco caseiro (receita na página 49): ⅓ de xícara de chá
- Suco de limão: 1 unidade
- Sal: a gosto
- Pimenta-de-cheiro ou dedo-de-moça picadinha sem semente: a gosto

MODO DE PREPARO

Pique a guariroba em pedaços menores. Misture todos os ingredientes e acerte o sal. Deixe marinar por uns 10 minutos na geladeira antes de servir. Sirva como acompanhamento do peixe.

Torta com recheio de jaca e nirá

MASSA

INGREDIENTES

- Farinha de arroz: ¼ de xícara de chá
- Farinha de grão-de-bico: ¼ de xícara de chá
- Aveia em flocos finos: ¼ de xícara de chá
- Ovo: ½ unidade
- Sal: ½ colher de chá
- Manteiga ghee sólida: 2 colheres de sobremesa

MODO DE PREPARO

Quebre o ovo e bata ligeiramente. Separe a metade que utilizará. Em uma vasilha, coloque a manteiga, as farinhas e o sal.

Misture com as pontas dos dedos até formar uma farofa. Acrescente o ovo e misture para incorporar (não é preciso sovar).

OBSERVAÇÃO: se sua massa ficar muito seca e esfarelando, coloque o restante do ovo.

Coloque um pouco da massa entre 2 plásticos. Abra-a em forma de círculo com o auxílio de um rolo (mais ou menos do tamanho da forma que for utilizar). Deixe a massa mais fina. Retire o plástico e vire-a sobre a forma. Forre bem o fundo e as laterais. Se necessário, acrescente mais massa nas bordas. Modele bem. Faça furos leves com um garfo no fundo. Leve para assar em forno preaquecido a 200°C por aproximadamente 10 minutos (dependendo do tamanho de sua forma) ou até ficar pré-assada. Retire e reserve.

Panc: Jaca (*Artocarpus heterophyllus*) ou jaqueira, jaca dura, jaca mole, jaca manteiga, jackfruit

Amplamente cultivada na produção de frutos. Pode-se consumir a fruta madura ou verde. A polpa madura pode ser ingerida in natura *ou grelhada como um legume. Com a polpa verde, podemos fazer a "carne de jaca". Cozinha-se a jaca bem verde com a casca (o látex é grudento, mas se desnatura com o cozimento). Depois de cozida, retira-se a polpa e desfia-se como frango. Boa fonte de potássio e ferro.*

RECHEIO

INGREDIENTES

- Jaca verde cozida desfiada: 2 xícaras de chá
- Castanha-de-caju: 1 xícara de chá
- Tomate em cubinhos: ½ unidade
- Cebola em cubinhos: 2 colheres de sopa
- Alho amassado ou tempero de açafrão e alho (receita na página 36): 1 colher de sobremesa
- Tomilho: a gosto
- Salsinha e cebolinha: a gosto
- Nirá picado: 1 xícara de chá
- Azeite: 1 colher de sobremesa
- Sal: a gosto
- Pimenta-do-reino: a gosto

MODO DE PREPARO

Corte a jaca em quatro e coloque-a para ferver em uma panela com água até cobri-la. Cozinhe por uns 15 minutos. Retire-a da panela e separe os gomos. Descarte a casca e as sementes. Cozinhe novamente os gomos por 10 minutos. Escorra-os, reserve e desfie. Atenção: para desfiar os gomos, unte a mão com azeite ou utilize luvas, para não grudar. Separe o que for usar e congele o restante.

OBSERVAÇÃO: é possível comprar a jaca já desfiada em muitos lugares.

Deixe as castanhas-de-caju de molho em água por 1 a 2 horas. Escorra. Bata as castanhas com 2 xícaras de chá de água até formar um creme. Reserve. Em uma panela, coloque o azeite, a cebola e o alho. Refogue até dourar e, em seguida, coloque a jaca, o tomate e o nirá. Refogue por alguns minutos, acrescente as ervas e o creme de castanha e acerte o sal e a pimenta. Cozinhe por uns 2 minutos.

Coloque o recheio sobre a massa já pré-assada e leve ao forno preaquecido (200°C) por aproximadamente 10 minutos (dependendo do tamanho da forma).

Panc: Nirá (*Allium tuberosum*) ou cebolinha-achatada, cebolinha-chata, alho-de-folha, alho-oriental

As folhas têm suave sabor e aroma de alho. São bastante saborosas e vão bem em vários pratos. Tem ação antibacteriana. Contém tiossulfinato, com potencial contra o câncer de próstata e o de cólon.

Fisális com chocolate

INGREDIENTES

- Fisális: 10 unidades
- Chocolate 70% picado: ½ xícara de chá
- Cacau em pó: 2 colheres de sopa
- Óleo de coco líquido: 3 colheres de sopa

MODO DE PREPARO

Coloque o chocolate, o cacau e o óleo de coco em uma panela e leve ao fogo em banho-maria até derreter e formar uma calda. Mergulhe as frutas na calda de chocolate e leve-as ao freezer por alguns minutos, a fim de endurecê-las levemente.

Retire e sirva.

Panc: Fisális (*Physalis pubescens*) ou camapu, balãozinho, joá-de-capote, bucho-de-rã, ground cherry tomato

É uma planta que cresce espontaneamente ou é cultivada para produção de frutos, comestíveis in natura *ou processados. São muito saborosos. É uma excelente fonte de vitamina A, além de conter cálcio, magnésio, manganês, ferro, fósforo, potássio, vitamina C, carotenoides e os aminoácidos valina, isoleucina e triptofano.*

Capítulo 3

ALIMENTAÇÃO SOB A ÓTICA DA ANTROPOSOFIA

APRESENTAÇÃO

É muito grandioso fazer parte da trajetória de vida de algumas pessoas especiais que encontramos pelo nosso caminho.

Receitas para o equilíbrio, de Lucyane Crosara, é fruto de um encontro em que sementes foram lançadas e regadas com labor, amor, dedicação e coragem para a transformação e a quebra de antigas crenças e paradigmas diante de condicionamentos culturais, sociais, ancestrais e até mesmo científicos, profundamente arraigados em nossa mente e na mente da sociedade de nossa época.

Os ingredientes utilizados para a confecção deste livro — quebra de paradigmas, integração de diferentes filosofias, dietas simples que equilibram corpo, mente e espírito — foram misturados pela sabedoria de um caminho real de experiências vividas e praticadas profundamente.

Neste capítulo sobre alimentação sob a ótica da antroposofia, desfrutaremos de uma revisão e de uma síntese a respeito da visão antroposófica do ser humano e de seu desenvolvimento biológico, psíquico e espiritual; da importância dos alimentos em cada etapa desse desenvolvimento; da influência da estrutura da planta em cada sistema do corpo e nos temperamentos humanos; de como se realiza o processo digestivo dos reinos mineral, vegetal e animal no organismo humano; de como compreender melhor a contribuição do vegetarianismo e do veganismo para o caminho de desenvolvimento anímico espiritual do ser humano de nossa época.

É como um grande presente para ser prazerosamente degustado: a inovação e a contribuição de receitas simples da nutrição funcional integradas ao conhecimento da nutrição sob a ótica da antroposofia.

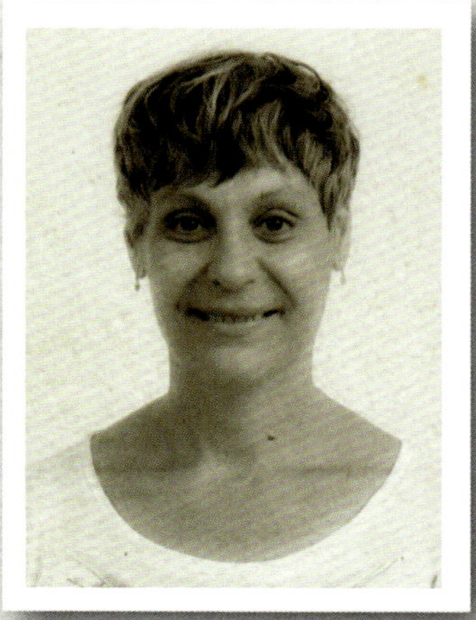

Tania Helena Alvares
Médica antroposófica

Antropos = homem

SOFIA = SABEDORIA

A antroposofia é uma ciência espiritual moderna e prática, desenvolvida pelo filósofo austríaco Rudolf Steiner (1861–1925), que propõe uma forma de pensar, de perceber a realidade e de atuar observando e respeitando o ser humano e o mundo no qual ele está inserido. Ele desenvolveu um sistema médico integrativo e complementar que amplia a medicina convencional, sendo hoje praticado em mais de sessenta nações. Está presente oficialmente no sistema de saúde de alguns países e é contemplada em cadeiras acadêmicas e em pesquisas de algumas universidades. No Brasil, a antroposofia está começando a ser inserida no sistema de saúde nacional.

Uma das principais características da antroposofia é a abordagem centrada no paciente, a partir de uma concepção de saúde que valoriza sua individualidade e considera que as dimensões emocional, mental e espiritual são tão relevantes quanto a dimensão corpórea nos processos de adoecimento. O paciente deve ser envolvido direta e ativamente em seu processo de desenvolvimento, por meio de atividades educativas e terapêuticas. É uma ciência que descreve o desenvolvimento humano como processos cíclicos de maturação, que ocorrem de 7 em 7 anos (os setênios).

No período de 0 a 21 anos, ocorre o desenvolvimento biológico; de 21 a 42 anos, o psíquico; e de 42 a 63 anos, o espiritual.

Cada setênio tem suas características, cada fase tem seu tom.

O desenvolvimento individual passa pelo entendimento desses ciclos.

No gráfico a seguir, é possível ter uma visão geral do que representa cada setênio e de suas características mais marcantes.

FASES DO DESENVOLVIMENTO HUMANO

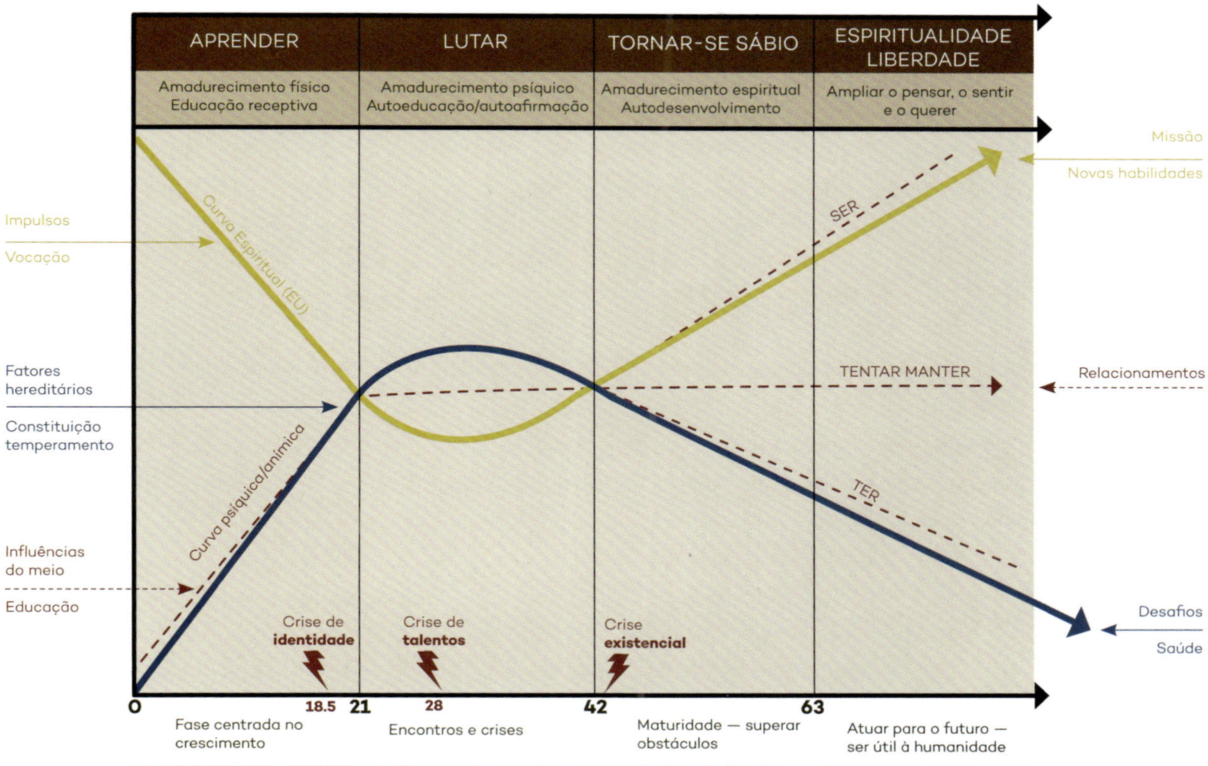

AS FASES DA VIDA PODEM SER COMPARADAS ÀS ESTAÇÕES DO ANO

A ANTROPOSOFIA TRAZ UM DESAFIO PARA O HOMEM DE NOSSA ÉPOCA: O EXERCÍCIO DA COLETIVIDADE E A EDUCAÇÃO NA VIDA SOCIAL. ELA PROPÕE IDEIAS INOVADORAS NAS ÁREAS DA MEDICINA, EDUCAÇÃO, AGRICULTURA, ARTES, PEDAGOGIA SOCIAL, ENTRE OUTRAS.

A antroposofia analisa o homem e as plantas de forma trimembrada. Quando contemplamos o corpo humano, podemos perceber três partes bem distintas: cabeça, tronco e membros. Na cabeça, temos o sistema neurossensorial; no tórax, o sistema rítmico; e no abdômen e nos membros, o sistema metabólico motor.

O sistema neurossensorial é constituído pelos órgãos e tecidos de cabeça e pescoço, sistemas nervosos central e periférico e epiderme. Ele é a base estrutural do pensar.

O sistema rítmico é constituído por coração, pulmões, circulação, sistema linfático e derme. Ele é a base estrutural do sentir.

O sistema metabólico motor é constituído pelas vísceras abdominais, membros, músculos, ossos e hipoderme. Ele é a base estrutural do agir.

É por meio da observação e da avaliação desses sistemas e de suas interações com o pensar, o sentir e o agir que a antroposofia compreende os processos de saúde e doença.

A relação recíproca desses três sistemas muda durante a vida do ser humano, dependendo da idade, das mudanças biológicas, psicológicas e espirituais que acontecem ao longo do desenvolvimento das pessoas.

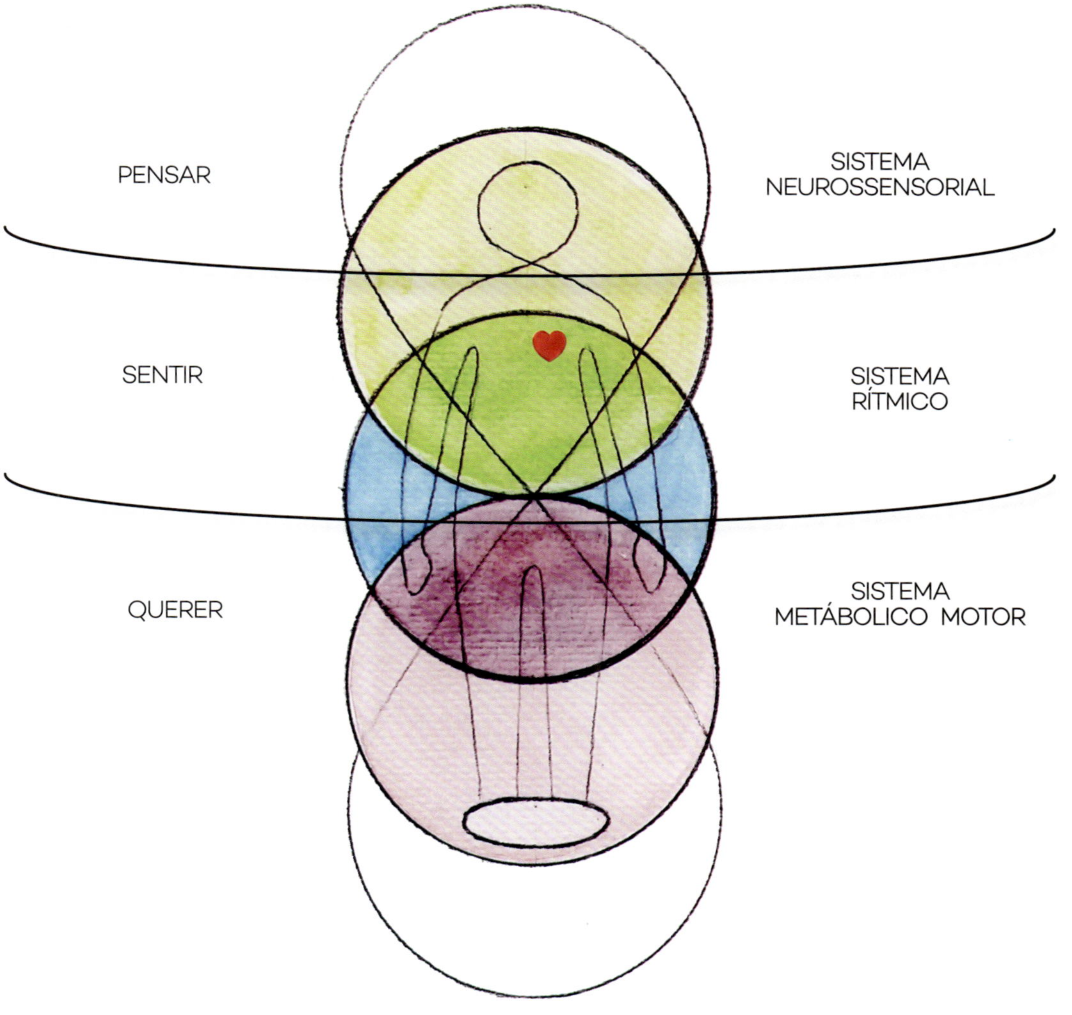

Outra maneira de observar o homem na visão da antroposofia é relacioná-lo com os quatro elementos da natureza ao seu redor: terra, água, ar e fogo. Nessa abordagem, o homem é visto como um ser que tem o corpo físico em comum com o reino mineral, o corpo vital em comum com o reino vegetal, e o corpo astral em comum com o reino animal. Sua humanidade lhe é atribuída pela possibilidade do desenvolvimento da autoconsciência e de ser portador do elemento fogo e da organização do eu.

Essa classificação do homem é chamada de quadrimembração.

O corpo físico é revelador de uma herança ancestral. O corpo vital ou etérico representa o corpo de forças formativas e dos processos vitais. O corpo astral representa o corpo das sensações e das emoções. O corpo da organização do eu abriga o eu responsável pela individualidade e autoconsciência.

O homem e o ALIMENTO

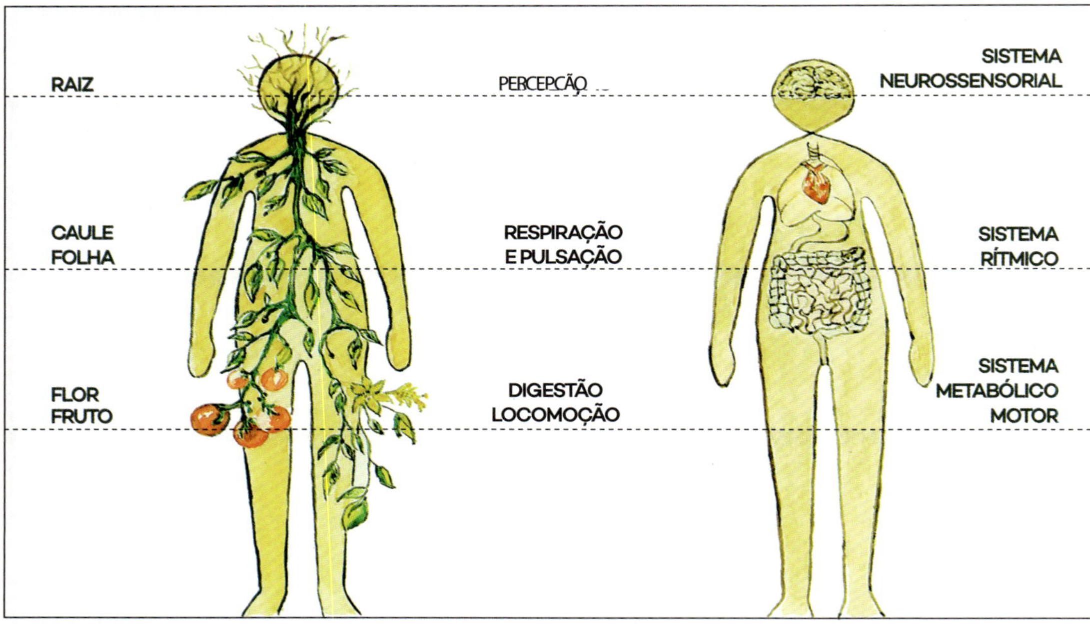

O reino vegetal é o que oferece as fontes de saúde para o reino humano. Ele oferece o alimento e os medicamentos. Quando observamos o homem e a planta com o olhar da trimembração, encontramos no homem a planta invertida.

As raízes da planta relacionam-se com o sistema neurossensorial do ser humano: a raiz, em contato com a terra, extrai os minerais de forma seletiva, desgastando-a.

Essas substâncias minerais são vitalizadas e levadas a outras partes da planta.

O cérebro humano também capta, seletivamente, as ideias e desgasta a substância viva na cabeça, mineralizando-a. Na raiz, há o depósito de substâncias endurecedoras, como a inulina; dela partem os impulsos endurecedores da planta, assim como do nosso sistema nervoso partem para nosso corpo impulsos estruturantes. Portanto, quando o ser humano se alimenta de raízes, estas atuarão em seu sistema nervoso.

As hastes (o caule da planta) relacionam-se com o sistema rítmico do homem.

A disposição das costelas do ser humano em relação às vértebras da coluna lembram a disposição das folhas ao longo das hastes. As folhas processam trocas gasosas opostas às do homem: absorvem CO^2 e excretam O^2. A hemoglobina do sangue humano e a clorofila da folha da planta têm fórmulas químicas semelhantes.

Ambas fazem parte do sistema rítmico, portanto, dentro dessa analogia, a ingestão de folhas atuará principalmente sobre o sistema rítmico humano.

As flores e os frutos fazem parte do sistema metabólico da planta e se relacionam com o sistema metabólico humano. É nessa parte que se encontram os órgãos reprodutores das plantas, assim como nos humanos. É uma região onde há grande processamento de substâncias, como açúcares e proteínas. É a região mais "quente" da planta, com o mesmo calor necessário para harmonizar os processos metabólicos humanos. Portanto, a ingestão de frutos e flores agirá nos órgãos metabólicos motores.

Cada alimento, mesmo depois de processado, contém em si as forças do animal ou do vegetal de sua origem. Devido a isso, devemos lembrar que não comemos apenas o que vemos materialmente; com nossos olhos, comemos também as forças vitais ou astrais que estão por trás dessa matéria. Os vegetais têm um corpo etérico ou vital próprio. Suas forças só podem ser transmitidas ao corpo vital do ser humano por meio de sua desagregação, que acontece na digestão.

A alimentação vegetal exige muito esforço dos órgãos digestivos, mas essa tarefa deixa o corpo fortificado. O organismo do vegetariano é obrigado a buscar forças em seu interior que são completamente diferentes das que haveria se ele comesse carne. Isso o deixa com mais vitalidade.

O animal tem um corpo astral; assim, ao ingerir produtos de origem animal, essa astralidade estranha ao homem deve ser catabolizada e preparada para ser absorvida pelo corpo humano. O trabalho de digerir o corpo astral do animal requisita a atividade do sistema nervoso do homem (corpo astral), responsável por digeri-lo. Diferentemente, a digestão dos alimentos vegetais não requisita esse sistema, deixando as forças astrais livres. Estas ficam disponíveis para as atividades do pensar, do sentir e do agir e poderão ser utilizadas para o desenvolvimento moral e espiritual do ser humano.

Entretanto, Rudolf Steiner ressalta que o vegetariano deve sempre procurar o caminho do desenvolvimento espiritual, pois esse hábito, sem a busca espiritual, pode levar à doença. Essa alimentação deixa livre as forças anímicas, as quais devem ser dominadas por meio da espiritualidade para não prejudicar as funções cerebrais.

O importante é que a escolha do alimento a ser ingerido ocorra sem radicalismo, com equilíbrio e no momento conveniente para cada indivíduo.

Assim como há o alimento terrestre, há o alimento cósmico. Rudolf Steiner aponta para o fato de que nossa alimentação é uma questão físico-espiritual. Deficiências nutricionais podem ser comparadas a certos pensamentos desvitalizantes e experiências sensoriais pobres, que afetam nossos sistemas, principalmente o sistema nervoso.

Independentemente de uma alimentação vegetariana ou onívora, verificamos que a digestão é fundamental, pois é por meio dela que transformamos a entrada de substâncias estranhas ao corpo em substrato para o desenvolvimento do organismo. Para ter uma boa digestão, o indivíduo precisa estar com seus sistemas em equilíbrio, principalmente o metabólico. Assim como deve estar com seus corpos físico, etérico, astral e espiritual em harmonia.

ALGUMAS considerações gerais

- Comer com calma.
- Desenvolver uma atitude adequada perante o alimento e aqueles que o preparam e o produzem. É uma atitude que traz a consciência do processo alimentar do campo à mesa e o desenvolvimento da gratidão, que coloca a alimentação na posição físico-espiritual, como deve ser.
- Evitar líquidos durante as refeições principais, para não prejudicar a digestão com a diluição dos sucos gástricos.
- Evitar alimentos muito quentes, pois podem provocar paralisia das glândulas digestivas.
- Evitar alimentos muito gelados, pois provocam choque nos órgãos do metabolismo. Há retração do sangue nas mucosas e inibição dos sucos digestivos.
- Utilizar condimentos extraídos de plantas, pois estas produzem maior salivação, secreção mais abundante de enzimas digestivas no estômago e no intestino, além de aumentar o peristaltismo, estimulando os processos digestivos, ativando o corpo astral e o eu e, assim, degradando mais facilmente os alimentos.
- Cozinhar os alimentos, pois assim têm maior digestibilidade e podem ser mais adequados, dependendo do estado metabólico atual do indivíduo e do ciclo de vida (sendo os idosos mais beneficiados por esse tipo de cocção).
- Comer frutas amadurecidas pelo sol, pois as frutas colhidas ainda verdes e amadurecidas artificialmente não têm a mesma força vital.
- Preferir ingerir sementes e grãos germinados, pois têm maior força vital e digestibilidade.

AGRICULTURA *biodinâmica*

A agricultura sempre foi uma questão importante para a antroposofia, sendo considerada por Rudolf Steiner um instrumento importante para o equilíbrio e a saúde do ser humano.

Há muitos anos já estamos vivendo uma situação na agricultura em que as sementes são híbridas, o solo é adubado quimicamente, as plantas são regadas com pesticidas, a terra está cada vez mais empobrecida e as plantas e os frutos não têm gosto ou força vital.

No intuito de tentar neutralizar todos os efeitos negativos desse manejo para o homem e para a natureza, a agricultura biodinâmica desenvolve-se com os preceitos da antroposofia. O objetivo dessa forma de cultivar é a qualidade do produto. As técnicas utilizadas visam trazer as forças cósmicas o máximo possível para dentro da planta e vitalizar melhor o solo, fornecendo as substâncias terrestres e a água de que as plantas necessitam. Tudo isso respeitando os ritmos cósmicos, como a época de semear, transplantar, podar e colher. Diversas técnicas e compostos especiais são utilizados. Nas fazendas biodinâmicas, plantas, animais e homens estão totalmente integrados.
Os animais exigem um tratamento especial, com suficiente possibilidade de movimentação, abrigo, pasto, feno e plantas adequadas para se alimentarem e se desenvolverem. Devem ser ordenhados de maneira adequada e com carinho, para trazer qualidade ao leite. Os gêneros produzidos na agricultura e na criação animal biodinâmicos são mais ricos em relação à quantidade de nutrientes que têm e à quantidade de força vital.

CICLOS *da vida*

Quando observamos o ser humano do nascimento à morte, vemos que cada um tem sua própria biografia e que, no decorrer desta, diferentes fenômenos e transformações vão acontecendo. Na infância, há poucos fenômenos de consciência, os quais vão aparecendo devagar. Entretanto, há muitos fenômenos físicos nessa fase. Na juventude, há um equilíbrio de forças: vitalidade *versus* consciência. A partir dos 42 anos, as forças vitais vão diminuindo, liberando cada vez mais as forças espirituais e ampliando a consciência.

Em um processo harmônico, verificamos que, na biografia, temos a infância com muita força vital, a velhice com muita força espiritual e a fase intermediária com o equilíbrio das duas forças.

Conhecendo esse conceito, entendemos que a alimentação tem um significado totalmente diferente em cada fase da vida.

ALIMENTAÇÃO *na infância*

O ritmo nessa fase é fundamental. Tudo se arraiga profundamente no indivíduo, os bons e os maus hábitos alimentares.

Nas escolas Waldorf, onde a filosofia de Rudolf Steiner é seguida, dá-se muita importância ao ensino do ritmo para as crianças. É um fundamento essencial à saúde física, emocional e espiritual delas. O dia tem uma cadência marcada e tranquila. As crianças pequenas chegam à escola, deixam os sapatos do lado de fora, calçam pantufas, são acolhidas, tomam um chá quentinho, fazem atividades como desenho, brincam, ajudam a preparar o lanche (cada dia priorizando um cereal) e arrumam suas coisas. Depois, seguem com suas atividades, como desenhos, contos e outras. Desde pequeninas, aprendem o ritmo, o trabalho em grupo, a criatividade.

Na infância, o sistema rítmico se harmoniza, portanto, uma alimentação rica em folhas e caules é importante. O magnésio das folhas atua sobre a harmonia do coração.

Os cereais (trigo, centeio, cevada, aveia, quinua, arroz e outros) são ricos em magnésio, mas também em complexo B, fundamental para o desenvolvimento físico e cognitivo na infância.

Para uma otimização da atividade cerebral, que é muito intensa nos primeiros anos de vida, é importante o fornecimento constante de glicose por meio de carboidratos de qualidade, ricos em vitaminas e minerais, como as raízes (cenoura, beterraba, nabo, rabanete etc.), e a ingestão de oleaginosas (castanhas).

A antroposofia distingue as crianças de 7 a 14 anos de acordo com seu temperamento. Steiner faz uma repaginação do conceito de temperamento que existe na humanidade desde os tempos mais remotos. Cada temperamento deve ter um cuidado alimentar diferente. Uma criança pode facilmente apresentar características de mais de um temperamento.

OS TEMPERAMENTOS SÃO DE 4 TIPOS: COLÉRICO, SANGUÍNEO, FLEUMÁTICO E MELANCÓLICO

CRIANÇA *colérica*

CARACTERÍSTICAS:

Fogosa, forte, dominadora, ousada e compassada no andar, autossuficiente.

ALIMENTAÇÃO ADEQUADA:

Rica em folhas e talos, frutas, raízes (de preferência cruas: cenoura, aipo, nabo), carne e leguminosas (feijões, ervilha, lentilha, grão-de-bico) em pouca quantidade.

CRIANÇA *sanguínea*

CARACTERÍSTICAS:

Leve, aérea, distraída, esperta, ativa, sem paciência para comer.

ALIMENTAÇÃO ADEQUADA:

Farinhas integrais, fubá, nozes, carnes (as carnes podem ajudar essas crianças a se conectarem mais com a terra no caso de se apresentarem muito aéreas) e substâncias amargas. Evitar doces.

CRIANÇA *fleumática*

CARACTERÍSTICAS:

Indolente, vagarosa, alegre, satisfeita consigo mesma e com a vida, muito interessada pela comida.

ALIMENTAÇÃO ADEQUADA:

Menos carboidratos, gordura e leite; mais temperos, para estimular. São indicados: iogurte, frutas ácidas, limão, raízes, frutas em geral, aveia e arroz (estes últimos com temperos como curry e ervas).

CRIANÇA *melancólica*

CARACTERÍSTICAS:

Terrestre, muito voltada para si mesma, precoce, pálida, tristonha, difícil de comunicar, sonhadora.

ALIMENTAÇÃO ADEQUADA:

Frutas, mel, cereais (aveia principalmente), folhosos, flores, carnes brancas.

ALIMENTAÇÃO NA *primeira metade da vida*

Na visão antroposófica, uma alimentação equilibrada é aquela que nutre o corpo e a mente e também favorece o desenvolvimento espiritual. Para que consigamos extrair uma quantidade adequada de nutrientes e de energia vital dos alimentos, é necessário que o cultivo tenha sido adequado, como acontece na agricultura biodinâmica.

A partir dessa perspectiva, para nutrir o cérebro, é importante a ingestão de cereais que tenham uma boa composição de proteínas, carboidratos e vitaminas do complexo B.

Os cereais ocupam uma posição importante na alimentação sugerida pela antroposofia. Eles condensam forças cósmicas planetárias. Sabe-se que os planetas influenciam diretamente a vida terrena. No reino vegetal, os cereais materializam essas forças planetárias. Na força de ereção dos cereais, há um impulso vertical que ergue suas hastes em direção ao sol devido ao seu elevado teor de silício. Isso influencia a postura ereta e verticalizada do ser humano.

Na concepção antroposófica, é possível equilibrar todos os órgãos internos utilizando alguns dos cereais na sua forma integral pelo menos uma vez ao dia.

Os cereais mais usados são o arroz, a cevada, o painço, o centeio, a aveia, o milho e o trigo em grão. Eles irradiam as qualidades das 7 forças planetárias que influenciam cada dia da semana, os órgãos e a psique humana.

CEREAL	DIA DA SEMANA	PLANETA	QUALIDADE
Arroz	Segunda-feira	Lua	Vitalidade
Cevada	Terça-feira	Marte	Ação
Painço	Quarta-feira	Mercúrio	Movimento
Centeio	Quinta-feira	Júpiter	Sabedoria
Aveia	Sexta-feira	Vênus	Beleza
Milho	Sábado	Saturno	Profundidade
Trigo	Domingo	Sol	Equanimidade

Em relação aos carboidratos, a batata-inglesa pode inibir as funções cerebrais mais criativas. No entanto, isso não acontece com os outros tubérculos, como inhame, batata-doce, mandioquinha e mandioca, que são também ótimas fontes de carboidrato de boa qualidade, vitaminas, minerais e proteínas.

Doces e farinhas brancas têm um efeito paralisante no nosso sistema volitivo, e sem a ativação da nossa vontade trilhar o caminho espiritual, fica difícil.

Dessa maneira, prefira os doces que vêm das frutas e do mel.

O bom funcionamento do fígado é essencial para a esfera da vontade. Neste intuito, ingira vegetais mais amargos e alimentos mais doces, como frutas secas e naturais, na parte da tarde, pois ajudam a fase anabólica do fígado.

Segundo a antroposofia, o excesso de proteína pode inibir as funções cerebrais. As carnes estimulam o egoísmo e o pensamento materialista, exercendo uma intensa ação sobre nosso corpo astral. É preferível ingerir proteínas vindas do leite e de seus derivados, dos cereais e dos grãos, pois são alimentos que nos ligam à terra sem nos tirar a ligação com o mundo espiritual. É importante ressaltar neste ponto que o leite e seus derivados, na época em que esse conceito foi formulado, eram de outra qualidade. Atualmente, o leite de vaca é muito adulterado e contém diversos conservantes e aditivos. Muitas pessoas desenvolveram intolerâncias não só à lactose, mas também à proteína do leite nestes últimos anos. Portanto, torna-se essencial cuidar para que a proteína advinda do leite e de seus derivados seja de fonte orgânica ou biodinâmica.

Em relação às gorduras, a visão antroposófica ressalta que o azeite e a manteiga captam as forças cósmicas solares.

O sal é importante para o desenvolvimento da consciência, mas, em excesso, desgasta nossa força vital. E os condimentos naturais estimulam a digestão e ajudam indiretamente a não sobrecarregar o cérebro.

As raízes, como cenoura, beterraba, aipo, nabo e rabanete, estimulam o sistema neurossensorial e ativam o pensar.

Alimentos que contêm silício, como aveia, brotos e outros, são fundamentais para o desenvolvimento espiritual. O ferro liga o espiritual ao terrestre. Sem ele, não conseguimos pensar ou agir. Quando ingerimos as folhas, abrimo-nos para essas forças cósmicas. O elemento fósforo (nozes, avelã, arroz integral, laticínios) é essencial para que o eu possa atuar no cérebro.

ALIMENTAÇÃO NA *segunda metade da vida*

Após os 42 anos, as forças do desgaste biológico começam a ser sentidas com mais intensidade. As forças que se desprendem dos órgãos, diminuindo suas funções, podem ser transformadas novamente em forças espirituais, permitindo maior ampliação da consciência.

Nessa fase, os órgãos do metabolismo diminuem sua eficiência e atividade, com consequências como má digestão, mau funcionamento do intestino, gases, dificuldade de metabolizar glicose, acúmulo de gordura abdominal e ineficiência do pâncreas em produzir insulina e enzimas digestivas.

ALGUMAS *orientações para essa fase:*

- Estimular a digestão com temperos naturais como ervas, curry, gengibre, noz-moscada etc.
- Cortar o açúcar, preferir um pouco de mel.
- Diminuir os carboidratos e as proteínas e preferir gorduras como as do abacate e do azeite.
- Estimular o apetite com alimentos de qualidade e bem apresentados, preparados de acordo com a capacidade digestiva de cada um.
- Ter ritmo para se alimentar, comer em horários determinados e em pequenas quantidades, mais vezes ao dia, se necessário.
- Ingerir folhas verdes, cereais integrais e raízes, produzidos por agricultura biodinâmica, com a intenção de aumentar a capacidade vital e o metabolismo celular.
- Ingerir água, chás e sucos naturais, sal na medida e potássio (folhosos e frutas) para manter a hidratação.
- Ter atenção à ingestão de fontes de cálcio e ferro (minerais metabolizados pela organização do eu, que, com a idade, torna-se um processo mais difícil).
- Ingerir frutas da estação.

Dia alimentar inspirado na antroposofia

As diretrizes alimentares na antroposofia foram baseadas na observação do homem e da natureza, na relação entre eles e no autoconhecimento. Muito do que foi determinado por essas observações só seria estudado muito tempo depois. Atualmente, muito do que foi observado e usado na antroposofia tem sido comprovado na ciência nutricional.

Optamos por um cardápio equilibrado, variado em nutrientes e com opção e vários cereais citados. Entretanto, deve-se sempre considerar as características individuais e a etapa do ciclo de vida em que a pessoa se encontra.

Shot antioxidante e anti-inflamatório

INGREDIENTES

- Folhas de brócolis: 1 unidade média
- Picão: 1 xícara de chá das folhas
- Gengibre: 4 rodelas
- Suco de limão (limão espremido): 1 unidade
- Açafrão em pó: 1 colher de chá
- Água filtrada: ½ xícara de chá

MODO DE PREPARO

Coloque todos os ingredientes no liquidificador e bata até ficarem homogêneos (bem triturados). Sirva em seguida.

Panc: Picão-preto (*Bidens pilosa*)

Panc considerada uma planta "daninha" de crescimento espontâneo. Vista com frequência em terrenos baldios.

Suas flores, ramos e flores jovens são utilizados na medicina caseira e na culinária. Tem atividade antioxidante. É uma boa fonte de magnésio e cobre.

Musli de aveia com maçã

INGREDIENTES

- Aveia em flocos: 2 colheres de sopa
- Amaranto em flocos: 1 colher de sopa
- Iogurte natural caseiro: 1 xícara de chá (aprox. 200 gramas)
- Maçã vermelha ralada com casca: ½ xícara de chá (aprox. ½ unidade grande)
- Nozes picadas: 1 colher de sopa cheia
- Uva-passa: 1 colher de sopa
- Mel: a gosto
- Semente de girassol germinada: 1 colher de sobremesa

MODO DE PREPARO

Coloque o iogurte em uma vasilha, acrescente a aveia, o amaranto, a maçã ralada, as nozes, as passas e adoce com mel a gosto. Misture bem e deixe descansar na geladeira por alguns minutos, até que a aveia absorva o iogurte e forme uma mistura bem cremosa. Finalize com a semente de girassol germinada.

OBSERVAÇÃO: a visão antroposófica valoriza o leite na fase da infância, pois ajuda no processo de encarnação, e o mel na fase da velhice, pois abre para a vida espiritual. No processo de envelhecimento, o eu tem dificuldade para dominar o astral, e o mel ajuda, estimulando-o. O mel deve ser consumido cru, e nunca fervido. O mel puro cristaliza (o que não cristaliza geralmente foi fervido, processo que libera toxinas).

Mandioca cozida com queijo da Canastra e melado

INGREDIENTES

- Mandioca: 1 pedaço médio
- Açafrão em pó: ½ colher de chá
- Sal: a gosto
- Queijo da Canastra: 1 fatia
- Melado: 1 colher de chá

MODO DE PREPARO

Em uma panela, coloque a mandioca, cubra com água e acrescente o açafrão, uma pitada de sal e leve para cozinhar até que fique macia (cerca de 20 minutos). Grelhe rapidamente a fatia de queijo em uma frigideira antiaderente, coloque-a em um prato, acrescente a mandioca fatiada por cima e finalize com o melado.

Chá de alecrim e manjericão

INGREDIENTES

- Alecrim fresco: 1 ramo
- Manjericão fresco: 8 folhas
- Água: 200ml

MODO DE PREPARO

Coloque a água em uma panela e leve-a ao fogo; quando levantar fervura, desligue o fogo, acrescente as ervas e tampe. Aguarde 5 minutos, coe e sirva.

OBSERVAÇÃO: o chá de alecrim e manjericão é estimulante e tônico. Ajuda na digestão e na proteção celular.

Mix de castanha-de-caju e frutas secas com raspas de laranja

INGREDIENTES

- Castanha-de-caju: ½ xícara de chá
- Tâmara seca picada: ½ xícara de chá
- Damasco seco picado: ½ xícara de chá
- Cranberry seca: ½ xícara de chá
- Semente de abóbora: ½ xícara de chá
- Raspas de laranja: 1 laranja
- Amêndoas em lascas: ½ xícara de chá
- Melado: 2 colheres de sopa

MODO DE PREPARO

Preaqueça o forno a 180°C. Em um tabuleiro antiaderente (de preferência), coloque a castanha-de-caju, as frutas secas, a semente de abóbora, as amêndoas e as raspas de laranja; finalize com melado e mexa para que ele incorpore bem em todos os ingredientes. Leve ao forno por aproximadamente 10 minutos; retire e deixe esfriar (fica caramelizado e crocante quando esfria). Guarde em um pote hermético.

OBSERVAÇÃO: guarde seu mix na geladeira para que fique crocante por muitos dias.

Tartar de cenoura e maçã verde com painço cozido sobre folhas de capuchinha

TARTAR DE CENOURA

INGREDIENTES

- Cenoura cozida: 1 xícara de chá ou 1 unidade grande
- Maçã verde em cubinhos: 4 colheres de sopa
- Mostarda de Dijon: 1 colher de chá
- Semente de mostarda: 1 colher de chá
- Azeite: 1 colher de sopa
- Cebola-roxa em cubinhos: 1 colher de sobremesa
- Cebolinha ou salsinha picadas: 1 colher de sobremesa
- Sal: a gosto
- Pimenta fresca ou pimenta-do-reino: a gosto
- Capuchinha: 4 a 5 folhas

MODO DE PREPARO

Corte a cenoura em rodelas e cozinhe-as até que fiquem macias (aproximadamente 13 minutos). Leve-as para o processador e triture até que fiquem em pedaços bem pequenos (atente para não formar um purê). Se não tiver um processador, pique com uma faca.

Em uma vasilha, misture a cenoura picadinha, a cebola-roxa, a maçã verde e acrescente a mostarda de Dijon, a mostarda em grãos e a cebolinha picada. Finalize com azeite, sal e, se desejar, pimenta. Misture bem e reserve. Lave as folhas de capuchinha e deixe-as em água fria para não murcharem até a montagem do prato.

PAINÇO

INGREDIENTES

- Painço em grãos: ¼ de xícara de chá
- Suco de limão: 1 colher de sopa
- Azeite: 1 colher de sopa
- Sal: a gosto

MODO DE PREPARO

Cozinhe o painço com o dobro de água por aproximadamente 10 minutos; escorra-o e tempere com o suco de limão, o azeite e um pouco de sal. Reserve.

MONTAGEM

Seque as folhas de capuchinha. Forre o prato em que for servir com as folhas de capuchinha. Com a ajuda de um aro ou forminha de modelar, coloque um pouco do painço temperado e aperte levemente; acrescente o tartar de cenoura por cima e aperte novamente. Retire o aro e sirva.

Panc: Capuchinha
(*Tropaeolum majus*)

Cultivada para fins ornamentais e para consumo. Suas flores, folhas, frutos, sementes e ramos novos são comestíveis. As folhas são picantes e têm sabor similar ao do agrião e da rúcula. Podem ser usadas em saladas cruas ou em preparações quentes.

Filé de peixe assado com páprica, coração de banana refogado e salada de coco fresco

SALADA DE COCO FRESCO

INGREDIENTES

- Bagaço de coco (resíduo do leite de coco caseiro — receita na página 49) ou coco fresco ralado: 4 xícaras de chá
- Coentro: 1 xícara de chá
- Tomate em cubinhos: 1 unidade média
- Azeite: 1 colher de sopa
- Sal: a gosto
- Suco de limão: 1 unidade ou a gosto

MODO DE PREPARO

Em uma vasilha, coloque o coco ralado, acrescente o coentro picado grosseiramente, o tomate em cubinhos e tempere com azeite, limão e sal.

CORAÇÃO DE BANANA

INGREDIENTES

- Coração de banana: 2 xícaras de chá
- Água: aproximadamente 3 litros
- Suco de limão: 1 unidade
- Cebola em cubinhos: 2 colheres de sopa
- Alho amassado ou tempero de açafrão e alho (receita na página 36): ½ colher de sobremesa
- Azeite: 1 colher de sopa
- Sal: a gosto
- Pimenta fresca ou pimenta-do-reino: a gosto
- Salsinha picada: 2 colheres de sopa

MODO DE PREPARO

Coloque em uma vasilha aproximadamente 1 litro de água e o suco de limão. Misture e reserve.

Para preparar o coração, primeiro retire as folhas até chegar ao miolo (a parte mais clara); corte-o em rodelas (elas escurecerão) e coloque-as na água com limão.

Deixe de molho por uns 10 minutos, escorra e enxágue.

Coloque 1 litro de água para ferver e acrescente as rodelas do coração; deixe ferver por 5 minutos e escorra (se ainda estiverem amargas, repita o processo com uma nova água). Reserve.

Em uma panela, coloque o azeite, acrescente a cebola, o alho e refogue por uns 2 minutos. Ponha as rodelas de coração de banana e refogue por mais uns 3 minutos. Acerte o sal e a pimenta; finalize com salsinha picada.

Disponha o refogado na travessa em que for servir e, por cima, coloque o peixe assado.

Sirva com a salada de coco fresco ao lado.

OBSERVAÇÃO: não deixe de fazer a receita se não tiver um coração de banana para utilizar; fica excelente substituí-lo por alho-poró, pupunha ou outro vegetal de sua preferência.

PEIXE

INGREDIENTES

- Filé de linguado (ou peixe de sua preferência): 300 gramas
- Páprica doce: 1 colher de chá
- Páprica picante: 1 colher de chá
- Azeite: 1 colher de sopa
- Tomilho fresco: 1 ramo
- Raspas de limão-siciliano: 1 colher de sopa
- Pimenta-do-reino: a gosto
- Sal: a gosto

MODO DE PREPARO

Coloque o peixe em um refratário e acrescente todos os ingredientes; misture-os bem para que o peixe fique bem envolvido.

Preaqueça o forno a 200°C. Unte levemente um refratário e coloque o peixe. Leve-o para assar por 10 a 15 minutos (o tempo vai depender do tamanho e peso do seu peixe).

Panc: Coração de banana ou mangará

É uma parte alimentícia não convencional vinda de uma planta bem convencional: a bananeira. As folhas externas são retiradas e podem ser usadas para embrulhar alimentos. A parte interna, mais branquinha, pode ser cozida e refogada.

Polenta com ragu de casca de banana

INGREDIENTES

- Fubá orgânico: 1 xícara de chá
- Água ou caldo (dashi — receita na página 213): 800ml
- Alho amassado ou tempero de açafrão e alho (receita na página 36): 1 colher de sobremesa
- Ervas (alecrim e manjericão): a gosto
- Casca de banana da terra fatiada (ou outra banana de sua preferência): 1 xícara de chá
- Alho-poró picado: 2 colheres de sopa
- Azeite: 1 colher de sopa
- Cebola em cubinhos: 1 colher de sopa
- Molho de tomate caseiro: 1 ½ xícara de chá
- Sal: a gosto
- Queijo de cabra: a gosto
- Pimenta-do-reino: a gosto

OBSERVAÇÃO: parece estranho comer a casca da banana, mas vale experimentar pela textura, que é ótima, e pelo que representa de "não desperdício". Isso é ser Panc! Entretanto, este é um prato que fica delicioso com qualquer ragu (cogumelos, carne moída, pernil, frango).

MODO DE PREPARO

Para preparar o ragu, corte as cascas de banana em tirinhas finas e deixe-as de molho em um pouco de água com ½ limão espremido, para diminuir a adstringência (mais ou menos 10 minutos). Escorra e reserve.

Coloque o azeite em uma panela, acrescente a cebola, metade do alho, o alho-poró e refogue por uns 2 minutos. Em seguida, adicione a casca de banana fatiada e deixe por uns 5 minutos refogando. Finalize com o molho de tomate caseiro, acerte o sal e a pimenta. Cozinhe em fogo baixo por uns 10 minutos e, se necessário, pingue água aos poucos para preservar a textura do molho, caso seque (depende da textura do seu molho caseiro). Reserve.

Coloque a água ou o caldo em uma panela, acrescente as ervas frescas, um pouco de sal e o restante do alho amassado.

Quando ferver, abaixe o fogo e vá acrescentando o fubá aos poucos (em forma de "chuva"). Cozinhe em fogo baixo por aproximadamente 20 minutos, mexendo sem parar para que não empelote.

Disponha a polenta em uma travessa e cubra-a com o ragu de casca de banana.

Finalize com queijo de cabra ralado, se desejar, e sirva em seguida.

MOLHO DE TOMATE CASEIRO

INGREDIENTES

- Tomate italiano (preferência): 10 unidades
- Azeite: 2 colheres de sopa
- Dentes de alho com casca: 6 unidades
- Ervas (manjericão, tomilho, alecrim etc.): a gosto
- Açúcar mascavo ou demerara: 1 colher de sobremesa
- Pimenta-do-reino ou calabresa: a gosto
- Sal: a gosto

MODO DE PREPARO

Corte os tomates ao meio; coloque-os em um tabuleiro antiaderente, regue com azeite, açúcar e o restante dos temperos.

Leve ao forno preaquecido a 180°C por 30 a 40 minutos ou até estarem assados. Bata essa mistura no liquidificador. Se desejar um molho bem liso, peneire-o.

Panc: Casca de banana

Parte não convencional de um alimento convencional.

VAGEM GRELHADA

INGREDIENTES

- Vagem inteira: 16 unidades
- Azeite: ½ colher de sopa
- Sal: a gosto

MODO DE PREPARO

Aqueça uma frigideira, coloque o azeite e acrescente as vagens inteiras; refogue-as por uns 4 minutos (se desejá-las mais macias, deixe pelo tempo necessário).

Coloque uma pitada de sal e utilize-as como acompanhamento da polenta com ragu.

Doce de erva-cidreira

INGREDIENTES

- Erva-cidreira picada: 1 xícara de chá
- Água: ½ xícara de chá
- Leite de coco em pó: 2 xícaras de chá cheias
- Açúcar demerara (batido, pulverizado): 1 colher de sopa

MODO DE PREPARO

No liquidificador, bata a erva-cidreira com a água. Coe e leve ao fogo até começar a ferver, desligue e reserve.

Coloque no liquidificador 1 xícara de leite de coco em pó, o açúcar e o suco da erva-cidreira quente. Bata por aproximadamente 1 minuto. Em seguida, acrescente o restante do leite de coco em pó e bata por mais 3 ou 4 minutos, até engrossar. Leve ao fogo baixo e mexa sem parar até começar a desgrudar da panela. Leve para gelar e sirva.

Disponha a polenta em uma travessa e cubra-a com o ragu de casca de banana.

Finalize com queijo de cabra ralado, se desejar, e sirva em seguida.

RENDIMENTO: 5 colheres de sopa cheias.

OBSERVAÇÃO: se você não for intolerante a lactose, pode fazer essa receita com leite condensado normal.

Pão de ora-pro-nóbis com geleia de hibisco

PÃO DE ORA-PRO-NÓBIS

INGREDIENTES

- Farinha de grão-de-bico: ½ xícara de chá
- Farinha de aveia: ½ xícara de chá
- Farinha de linhaça dourada: ¾ de xícara de chá
- Ovos: 3 unidades
- Ora-pro-nóbis: 10 folhas
- Água: ¼ de xícara de chá
- Semente de girassol hidratada: ½ xícara de chá
- Psyllium: 1 colher de sopa
- Bicarbonato de sódio: ½ colher de chá
- Vinagre de maçã: 1 colher de chá
- Sal: ½ colher de chá
- Ervas frescas: se desejar

MODO DE PREPARO

Preaqueça o forno a 220°C. Unte uma forma média de bolo inglês com um pouco de azeite.

Em um liquidificador, coloque os ovos, as folhas de ora-pro-nóbis, a água, o sal e a semente de girassol; bata bem até as sementes estarem trituradas. Acrescente o vinagre e misture. Deixe no liquidificador.

Coloque as farinhas em uma bacia, junte o psyllium e o bicarbonato. Misture bem, despeje essa mistura seca no liquidificador e pulse rapidamente para obter uma massa homogênea. Pode-se utilizar também uma espátula para misturar.

Coloque a massa na forma e leve-a para assar por 30 a 40 minutos (faça o teste do palito: espete-o na massa; se sair limpo, já está no ponto). Retire do forno, deixe esfriar e desenforme.

Sirva com geleia de hibisco.

GELEIA DE HIBISCO

INGREDIENTES

- Maçã vermelha: 2 unidades
- Flor de hibisco: 2 xícaras de chá
- Açúcar demerara: 4 colheres de sopa
- Água: o necessário

MODO DE PREPARO

Rale a maçã com casca e pique as flores de hibisco em pedaços menores. Coloque o açúcar, as maçãs e as flores em uma panela e leve-os para cozinhar em fogo baixo por 15 a 20 minutos ou até que atinjam a consistência de geleia. Pingue água aos poucos, se necessário, para ajudar no cozimento e na redução.

OBSERVAÇÃO: essa geleia é uma agradável surpresa ao paladar. Tem pouca quantidade de açúcar, o que equilibra bem com a acidez do hibisco, e uma textura "macia", adquirida apenas com a pectina da maçã.

Panc: Ora-pro-nóbis (*Pereskia aculeta*) ou lobrobô, carne-de-pobre, guaiapá

Falamos sobre essa planta no capítulo sobre Pancs. Informações na página 80.

Panc: Flor de hibisco (*Malvaviscus arboreus*), malvavisco, hibisco-colibri, amapola

É uma planta amplamente cultivada para fins paisagísticos. As flores e as folhas são comestíveis. Podem ser usadas em saladas, cozidas e em geleias.

Suco de limão-china com flor de jasmim-manga

INGREDIENTES

- Limão-china: 2 unidades
- Água filtrada: 1 litro
- Flor de jasmim-manga: 4 unidades

MODO DE PREPARO

Esprema o suco dos limões e coe. No liquidificador, bata-o um pouco com água. Se desejar, bata com 2 pedras de gelo. Sirva o suco com as flores de jasmim na jarra ou direto no copo, para enfeitar. Se quiser, pode bater uma flor com o suco.

Panc: Flor de jasmim-manga (*Plumeria rubra*), jasmim-manga, árvore-pagode, pluméria

É uma árvore cultivada para fins ornamentais. Suas flores, de aspecto carnoso, são comestíveis. Podem ser usadas na salada e são ótimas para fazer geleia. Por serem ricas em alcaloides, melhor não consumir diariamente.

Iogurte de coco com framboesa e nibs de cacau

INGREDIENTES

- Leite de coco caseiro (receita na página 49): 2 xícaras de chá
- Ágar-ágar: 1 colher de chá
- Suco de limão: 1 a 2 colheres de sopa
- Probiótico em pó: 1 sachê
- Mel: se desejar adoçar
- Fruta vermelha ou roxa da preferência: 2 colheres de sopa
- Nibs de cacau: 1 colher de sopa

MODO DE PREPARO

Coloque 1 xícara de leite de coco em uma panela e acrescente o ágar-ágar. Misture bem, leve ao fogo e deixe ferver por 3 minutos.

Leve a mistura de leite com ágar-ágar ao liquidificador, acrescente mais ½ xícara de leite de coco e o probiótico. Bata em velocidade alta por 1 minuto, retire e leve essa mistura para gelar.

Assim que endurecer (textura de gelatina firme), volte-a ao liquidificador, acrescente o restante do leite de coco, o suco de limão (a quantidade varia com a acidez desejada) e, se preferir adoçar, adicione mel a gosto. Bata rapidamente para voltar à textura cremosa e sirva em potes com a framboesa e os nibs de cacau. Se quiser, pode acrescentar mirtilos e frutas secas.

Sopa de ervilha com creme azedo de gengibre

SOPA

INGREDIENTES

- Ervilha congelada: 3 xícaras de chá
- Azeite: 1 colher de sopa
- Cebola picada: 1 colher de sopa
- Alho amassado ou tempero de açafrão e alho (receita na página 36): 1 colher de chá
- Água ou caldo de vegetais (dashi — receita na página 213): 600ml
- Folhas de hortelã: 6 unidades ou a gosto
- Sal: a gosto
- Pimenta fresca ou pimenta-do-reino: a gosto

MODO DE PREPARO

Em uma panela, coloque o azeite e refogue um pouco a cebola e o alho; acrescente a ervilha, a água ou o caldo, as folhas de hortelã e acerte o sal e a pimenta. Deixe cozinhar por aproximadamente 15 minutos.

Bata no liquidificador para formar um creme homogêneo. Se necessário, volte à panela para acertar os temperos. Sirva com um pouco de creme azedo de gengibre por cima, folhas de hortelã e flores comestíveis.

CREME AZEDO DE GENGIBRE

INGREDIENTES

- Creme de leite fresco: ½ xícara de chá
- Suco de limão: 1 colher de sobremesa
- Sal: a gosto
- Gengibre ralado fino: 1 colher de sobremesa

MODO DE PREPARO

Use o creme de leite bem gelado. Coloque-o em uma vasilha mais aberta e acrescente o suco de limão, um pouco de sal e o gengibre ralado (esprema bem o gengibre sobre o creme de leite antes de adicioná-lo, para liberar o “suco”). Bata com o auxílio de um fouet (utensílio próprio para bater chantili e ovos) até que fique mais firme, formando um creme leve.

Lasanha de mandioquinha com molho de lentilha à bolonhesa

MASSA

INGREDIENTES

- Farinha de arroz: 3 xícaras de chá
- Fécula de batata: 1 xícara de chá
- Ovos: 3 unidades
- Azeite: 5 colheres de sopa
- Sal: 1 colher de chá
- Mandioquinha cozida e amassada: 300 gramas

MODO DE PREPARO

Coloque a mandioquinha amassada em uma vasilha funda e acrescente os ovos, o azeite e o sal. Misture bem para incorporar os ingredientes e acrescente, por último, a farinha e a fécula, até dar o ponto (como essa massa não tem glúten, não deve ser sovada, apenas misturada até que se incorporem todos os ingredientes). Deixe-a descansar coberta com um pano por 10 minutos. Coloque um pouco de farinha de arroz numa bancada e abra a massa aos poucos, com o auxílio de um rolo; deixe-a o mais fina possível (porém não fina o suficiente para rachar) e corte em retângulos proporcionais ao tamanho do seu refratário.

Coloque uma panela com água e um pouco de sal para ferver; em seguida, acrescente as tiras da massa aos poucos, para pré-cozinharem. Deixe 2 minutos ou até que subam, retire e reserve. Coloque um fio de azeite sobre elas enquanto não monta a lasanha.

MOLHO À BOLONHESA DE LENTILHA

INGREDIENTES

- Lentilha crua: ½ xícara de chá
- Azeite: 1 colher de sopa
- Cebola picada: 2 colheres de sopa
- Alho amassado ou tempero de açafrão e alho (receita na página 36): ½ colher de sobremesa
- Molho de tomate caseiro (receita na página 127): 2 xícaras de chá
- Ervas frescas (manjericão, salsinha etc.): a gosto
- Pimenta fresca ou pimenta-do-reino: a gosto
- Sal: a gosto

MODO DE PREPARO

Cozinhe a lentilha com o dobro de água por aproximadamente 10 minutos (deixe-a *al dente*).

Em uma panela, coloque o azeite e refogue a cebola e o alho. Acrescente a lentilha cozida, o molho de tomate e acerte os temperos (sal e pimenta). Deixe cozinhar em fogo baixo por uns 5 minutos e pingue um pouco de água caso seu molho de tomate esteja muito espesso, pois ele reduzirá levemente ao cozinhar com a lentilha. Coloque ervas frescas a gosto e reserve.

MOLHO BRANCO DE COUVE-FLOR E CASTANHA-DE-CAJU

INGREDIENTES

- Couve-flor: ½ unidade em floretes
- Azeite: 1 colher de sopa
- Cebola picadinha: 3 colheres de sopa
- Tempero de açafrão e alho (receita na página 36): 1 colher de chá ou sobremesa
- Noz-moscada: a gosto
- Castanha-de-caju hidratada: 1 xícara de chá
- Água filtrada: 2 xícaras de chá
- Sal: a gosto
- Pimenta: a gosto

MODO DE PREPARO

Hidrate as castanhas-de-caju com água por 2 a 4 horas e escorra. Bata as castanhas com a água filtrada até formar um creme homogêneo.

Cozinhe a couve-flor no vapor ou com um pouco de água até que esteja macia; bata-a no liquidificador com um pouco de água até dar o ponto desejado (mais grosso ou mais fino). Em uma panela, coloque o azeite e refogue a cebola e o alho; acrescente a couve-flor batida, tempere com sal, pimenta e noz-moscada a gosto. Acrescente o creme de caju e dê o ponto desejado.

FINALIZAÇÃO

Coloque um pouco de molho branco no fundo do refratário em que montará a lasanha; cubra com uma camada de massa, acrescente uma camada de bolonhesa de lentilha e um pouco de molho branco. Siga fazendo camadas até a borda e finalize com um pouco de cada molho. Se desejar uma textura crocante, polvilhe por cima a farofa de sementes (mix de empanar sem glúten) (receita na página 86) ou a farofinha de panko (contém glúten) (receita na página 229). Isso formará uma crosta bem gostosa para cobrir a lasanha.

Leve ao forno preaquecido a 200°C e deixe por uns 15 a 20 minutos ou até que fique dourada por cima.

Risoto de cevadinha com chuchu, alho-poró e queijo da Canastra

INGREDIENTES

- Cevadinha em grãos: 1 xícara de chá
- Azeite ou manteiga ghee: 1 colher de sopa
- Cebola picadinha: 4 colheres de sopa
- Alho amassado ou tempero de açafrão e alho (receita na página 36): 1 colher de sobremesa
- Chuchu em cubinhos: 2 xícaras de chá
- Alho-poró picado: 2 xícaras de chá
- Água ou caldo de vegetais (dashi — receita na página 213): 1 litro ou mais, caso necessite
- Queijo meia cura ralado: 2 xícaras de chá
- Pimenta fresca ou pimenta-do-reino: a gosto
- Sal: a gosto
- Ervas frescas (tomilho, salsinha etc.): a gosto

MODO DE PREPARO

Em uma panela, coloque o azeite ou a manteiga, acrescente a cebola e o alho e refogue bem. Adicione a cevadinha, a água, um pouco de sal e, se desejar, nesse momento, coloque algumas ervas. Deixe a panela semiaberta e cozinhe em fogo baixo por aproximadamente 30 minutos ou até a cevadinha ficar *al dente*. Quando estiver quase no ponto desejado, acrescente o chuchu picado e o alho-poró e, se o caldo já estiver quase seco, coloque um pouco mais de água para finalizar o cozimento dos vegetais. Misture e deixe até que o chuchu esteja cozido.

Para finalizar, acrescente o queijo meia cura, acerte o sal e a pimenta, se necessário, e finalize com ervas frescas. Mexa para incorporar o queijo e sirva em seguida.

OBSERVAÇÃO: a cevadinha demora um tempo maior do que o arroz integral para cozinhar; se desejar acelerar esse processo, a mantenha de molho por algumas horas antes do cozimento ou deixe-a pré-cozida com antecedência, para tornar mais rápido o processo de finalização do risoto.

Infusão de erva-cidreira e camomila

INGREDIENTES

- Erva-cidreira desidratada: 1 colher de chá
- Camomila desidratada: 1 colher de sobremesa
- Água: 200ml

MODO DE PREPARO

Coloque a água para ferver. Quando levantar fervura, desligue, jogue as ervas na água, tampe por 5 minutos, coe e sirva.

OBSERVAÇÃO: essa infusão é excelente para estimular o sono. Além disso, a camomila contém apigenina, que auxilia na modulação dos genes e diminui a vontade de comer carboidrato à noite.

Capítulo 4

O CAMINHO DA SAÚDE POR MEIO DO AYURVEDA

APRESENTAÇÃO

Tudo no universo busca alimento. Ele é o princípio da vida de todos os seres. Clareza, longevidade, inteligência, felicidade, contentamento, força e conhecimento têm suas raízes no alimento.

Charaka Samhita

O ayurveda é o milenar sistema de promoção da saúde, originado na Índia Védica, ensinado pelos antigos sábios. É a ciência que explica como a vida funciona. Conhecendo como a vida funciona em nós, nas demais pessoas, nos outros seres vivos e na natureza, podemos adotar medidas preventivas, curativas e de promoção da saúde, além de realizar nossos propósitos na vida com vigor, inteligência e paz. O ayurveda promove a interação entre corpo, energia vital, mente e alma. Parte do binômio "saúde é igual a harmonia" e "doença é igual a desarmonia".

Atualmente, ninguém mais duvida da importância da alimentação natural como meio para promover a saúde, prevenir doenças e funcionar como nutracêutica — alimentos como remédios. Outro grande verso de Charak Samhita, o mais antigo texto sobre medicina, diz: "Quando a pessoa se alimenta mal, os remédios não funcionam, e quando ela se alimenta bem, não precisa de remédios."

Nesse contexto, nossa amiga nutricionista Lucyane Crosara, que fez sua formação em ayurveda conosco na Escola Yoga Brahma Vidyalaya, em um autêntico ashram no coração do Brasil, na zona rural do município de Araguar (MG), e em nossa Clínica Kalayasa Ayurveda, em Uberlândia, traz uma forma especial e inovadora de apresentar os princípios da alimentação do ayurveda. De forma didática, visual e estimulante, ela nos presenteia com sua experiência e seu talento para nos incentivar a nos alimentarmos corretamente, de acordo com nossa constituição, o lugar onde vivemos, clima, idade e todos os fatores envolvidos na nutrição aiurvédica.

Eu costumo dizer que a nutrição aiurvédica é a ciência que nos mostra aquilo que é necessário em termos de alimentação, e a culinária é a arte de transformar o necessário em saboroso.

Desfrutem deste livro, alimentando seu intelecto com as informações e seus sentidos e afetos com as imagens. Vá para a cozinha de sua casa. Experimente os pratos. Ofereça à sua família e seus amigos. Preparem juntos. Esse é um caminho de harmonia!

José Ribeiro Ruguê Junior

Médico aiurvédico

Vata
Kapha
Pitta
Doce

Ayur = vida ou longevidade

VEDA = CONHECIMENTO OU SABEDORIA OU CIÊNCIA

O ayurveda é um tradicional sistema de cura indiano baseado em conhecimentos milenares, no entanto, é extremamente atualizado e oferece um tratamento prático e eficaz para muitos distúrbios modernos que afetam tanto a mente quanto o corpo.

CIÊNCIA da Vida

O ayurveda é um corpo completo de conhecimento, sabedoria e respeito a como viver para obter saúde e longevidade por meio da união do equilíbrio físico, emocional e espiritual. Hoje, o ayurveda é considerado uma medicina complementar reconhecida pela Organização Mundial da Saúde (OMS) como ciência eficaz no tratamento e na prevenção de doenças.

Para o ayurveda, os seguintes fatores influenciam nosso equilíbrio: doshas, agni, emoções, estilo de vida, ambiente e alimentação. Cuidar desses pontos significa trilhar o caminho rumo à saúde plena.

DOSHAS

Segundo o ayurveda, tudo no universo é composto por energia, e essa energia existe em cinco estados de densidade, dando origem aos cinco elementos: éter (espaço), ar (tempo), fogo (luz), água (vida) e terra (forma).

Esses cinco elementos combinam-se em diferentes proporções em nosso corpo, formando os três biótipos ou doshas: vata, pitta e kapha.

Essas três energias governam todas as funções biológicas e psicológicas do corpo, da mente e da consciência. Cada um de nós é formado por uma única combinação dessas três forças ou doshas. O dosha é determinado no momento da concepção e nos acompanha pelo resto da vida, como nossa constituição básica. Diferentes pessoas podem ter diferentes combinações dos três doshas. Todos nós temos um pouco dos três, mas, normalmente, um ou dois são mais evidentes.

Podemos ser classificados nestas sete constituições: vata, pitta, kapha, vata-pitta, pitta-kapha, kapha-vata e vata-pitta-kapha.

Nosso dosha pode ser influenciado ao longo da vida pelo clima, por emoções, ações, pensamentos e alimentos que ingerimos.

No ayurveda, o desequilíbrio dos doshas significa o início do processo da doença. Quanto mais próximos estivermos de nossa natureza ou de nossa constituição básica, mais saudáveis estaremos. Não precisamos ter os três doshas na mesma quantidade, mas sim equilibrá-los para que estejam sempre de acordo com nossa constituição básica de nascimento. Por isso é tão importante nos conhecermos e entendermos nossa natureza, pois dessa maneira conseguiremos, por meio de nossos hábitos e de nossa alimentação, manter a trilha da saúde.

DESCRIÇÃO DOS PRINCIPAIS ATRIBUTOS E CARACTERÍSTICAS DE CADA *DOSHA*.

Vata

- Elementos: éter e ar.
- Princípio do movimento.
- Atributos: seco, frio, áspero, leve, muito móvel, sutil, límpido.
- Horário de influência: das 2h às 6h e das 14h às 18h.
- Localização primária: intestino grosso (órgão onde o desequilíbrio tem tendência a manifestar-se primeiro).

CARACTERÍSTICAS:

- Estrutura esguia, com físico mais magro, ossos e veias aparentes.
- Tendência a ter peso abaixo do normal ou perder peso quando estressado.
- Pele mais seca e com menos elasticidade.
- Cabelos crespos e mais escassos.
- Dificuldade de ganhar e manter a musculatura.
- Fome e digestão irregulares.
- Sono leve e interrompido.
- Tendência a obstipação intestinal.
- Prazer insuficiente em comer, dormir ou ir ao banheiro.
- Mente criativa, intuitiva, imaginativa, distraída.
- Raciocínio rápido, cheio de ideias.
- Percepção do mundo por meio do tato.
- Humor variável, animado, excitável, inconstante, impulsivo.
- Cansaço fácil, tendência à exaustão, energia mental e física com explosões repentinas.
- Apreciador de artes e viagens.

CARACTERÍSTICAS QUANDO ESTÁ EM DESEQUILÍBRIO:

- Ansiedade.
- Medo sem causa aparente.
- Insônia.
- Inquietude exagerada.
- Excesso de pensamentos e preocupações.
- Câimbras e espasmos musculares.
- Acúmulo de gases.
- Ressecamento de fezes.
- Dificuldade de concentração e relaxamento.
- Memória deficiente.
- Falta de apetite.
- Lombalgia.
- Língua apresentando tremores e/ou cobertura acinzentada.

Pitta

- Elementos: fogo e água.
- Princípio da transformação e do calor.
- Atributos: pouco oleoso, quente, leve, móvel, penetrante.
- Horário de influência: das 10h às 14h e das 22h às 2h.
- Localização primária: intestino delgado (órgão onde o desequilíbrio tem tendência a manifestar-se primeiro).

CARACTERÍSTICAS:

- Compleição e peso medianos, físico forte e bem constituído.
- Peso mantido sem dificuldade.
- Tonicidade muscular adequada.
- Transpiração excessiva, pode exalar odores fortes.
- Cabelos mais finos e brilhantes, que caem com facilidade e ficam mais grisalhos; homens com mais tendência à calvície.
- Olhos brilhantes e penetrantes, sensíveis à fumaça e à luz do sol.
- Apetite forte e bom, metabolismo rápido; passar do horário de comer é o que mais o irrita.
- Percepção visual do mundo.
- Desejo de comer alimentos doces, salgados, picantes e ácidos e de tomar bebidas frias.
- Mente aguçada, boa memória e concentração.
- Irritadiço e crítico.
- Perfeccionista, organizado e eficiente.
- Resoluto, assertivo, ambicioso.
- Exigente consigo mesmo.

CARACTERÍSTICAS QUANDO ESTÁ EM DESEQUILÍBRIO:

- Raiva e irritabilidade frequentes.
- Mau humor, impaciência e intolerância.
- Lesões de pele (inflamações, alergias, acne).
- Queimações (olhos, mãos, pés, estômago, ânus).
- Dor no estômago.
- Hálito forte e odor mais forte nas excreções.
- Diarreias sem causas determinadas.
- Refluxo gastroesofágico.
- Língua com pontos vermelhos na ponta, com clareiras avermelhadas e/ ou cobertura amarelada.

Kapha

- Elementos: água e terra.
- Atributos: oleoso, frio, viscoso, pesado, denso, estável, suave.
- Princípio da energia potencial, do crescimento e da proteção.
- Horário de influência: das 6h às 10h e das 18h às 22h.
- Localização primária: estômago (órgão onde o desequilíbrio tem tendência a se manifestar primeiro).

CARACTERÍSTICAS:

- Estrutura física e ossos mais pesados e músculos grandes.
- Ganho de peso com facilidade.
- Rosto mais arredondado e grande.
- Cabelo e pele grossos, lustrosos e oleosos.
- Digestão e metabolismo lentos.
- Apetite pequeno e constante.
- Fala mais lenta, voz melodiosa, boa lubrificação das cordas vocais.
- Tendência a dormir demais, ser preguiçoso e inativo.
- Movimentos lentos e graciosos.
- Ritmo lento e delicado, calmo, complacente e suave.
- Memória excelente.
- Resiste a mudanças, reprime emoções difíceis e pode ficar em estado de negação.
- Temperamento decidido, afetuoso, esforça-se para manter a estabilidade tanto dentro de si quanto à sua volta.
- Cuidador.

CARACTERÍSTICAS QUANDO ESTÁ EM DESEQUILÍBRIO:

- Melancolia e tristeza frequentes.
- Apego e possessividade exagerados.
- Sonolência e preguiça exageradas.
- Busca de consolo emocional nos alimentos.
- Acúmulo de muco (catarro) nas vias respiratórias.
- Enjoo e falta de apetite.
- Ganho de peso anormal.
- Pele sebosa e poros obstruídos.
- Sensação de peso após as refeições.
- Retenção de líquidos.
- Saliva espessa, branca e pegajosa.
- Língua inchada (notam-se impressões de dentes nas laterais) e/ou com cobertura brancacenta na superfície.

Agni

Agni é um termo em sânscrito que significa "fogo". É nosso fogo digestivo. A nossa capacidade de digerir é como um fogo que transforma a comida ingerida em moléculas, as quais podem ser absorvidas e utilizadas pelas células.

Portanto, um sinal fundamental de boa saúde é um agni eficiente, que consegue digerir bem os alimentos sem deixar depósitos de toxinas. A má digestão é um sinal de agni deficiente, o que promove a digestão incompleta dos alimentos e a formação de uma biotoxina denominada no ayurveda de ama. Uma vez formado o ama, ele se junta aos doshas que estão em desequilíbrio, formando uma situação ideal para a instalação de uma doença. O organismo tenta conter esse processo acumulando no estômago as toxinas de kapha; no intestino delgado, as toxinas de pitta; e no intestino grosso, as de vata, na tentativa de digeri-las para posteriormente eliminá-las. O acúmulo de ama no sistema digestivo é o início do processo do adoecer. Os radicais livres, o muco digestivo e o excesso de colesterol, de ácido úrico e de tantas outras substâncias tóxicas são a expressão bioquímica desse processo.

Uma vez que o ama é absorvido pelo corpo, ele obstrui o funcionamento normal dos tecidos e enfraquece nosso sistema de defesa.

É importante olhar atentamente os sintomas gastrointestinais, pois, na visão do ayurveda, é justamente onde se iniciam todas as doenças. Ignorar, subestimar ou anestesiar esses sintomas aumenta os riscos de desenvolver graves patologias.

ALGUNS SINTOMAS QUE PODEM INDICAR AMA NO CORPO:

- Apetite insuficiente, indigestão e problemas intestinais.
- Distensão abdominal, flatulência, alimentos não digeridos nas fezes.
- Reações alérgicas, asmas, urticárias, psoríases e eczemas.
- Fadigas mental e física, sonolência ou sensação de peso após uma refeição.
- Mau hálito forte.
- Letargia, depressão, pouco entusiasmo, falta de clareza mental.
- Falta de brilho nos olhos e na pele.
- Cobertura branca/amarela na língua.
- Dores no corpo.
- Dor de cabeça e enxaquecas frequentes.
- Infecções recorrentes.

EMOÇÕES

As toxinas (amas) também são criadas pelos fatores emocionais. Emoções negativas e reprimidas criam desequilíbrio inicialmente em vata, que, por sua vez, afeta o agni e a imunidade do corpo, causando distúrbios na mente e, finalmente, no funcionamento geral do organismo.

É necessário observar suas emoções e seus estados psicológicos. É importante estar atento aos padrões de pensamentos e sentimentos ao longo do dia e descobrir sua origem e o que os alimenta. Assim feito, é preciso agir para mudar e ressignificar esses padrões. Ioga, meditação e pranayamas (exercícios de respiração) são técnicas muito usadas no ayurveda, além da psicologia e da terapia.

Uma alimentação impecável e exercícios físicos frequentes não são suficientes para manter a saúde plena se as emoções forem negligenciadas.

ESTILO DE VIDA

Como uma pessoa vive o seu dia a dia impacta muito em sua saúde.

A seguir falarei de alguns comportamentos que agravam os diferentes doshas. O equilíbrio é encontrado ao evitar esses padrões.

Vata

- Excesso de trabalho.
- Viagens constantes.
- Uso abusivo de álcool.
- Mudanças súbitas da vida.
- Sono insuficiente.
- Tentativa de fazer várias coisas ao mesmo tempo.
- Exposição ao ar-condicionado por muito tempo.
- Estímulos sensoriais bastante intensos à noite.
- Trabalho e/ou estudo em demasia à noite.

Pitta

- Perfeccionismo e autoexigência.
- Trabalho em excesso sem tempo para lazer.
- Transformar lazer em obrigação ou disciplina rígida.
- Seriedade excessiva ao encarar a vida, não consegue ficar à toa.
- Bebida e comida em excesso.
- Competitividade e necessidade de cumprir metas.
- Estímulos dos sentidos com violência (filmes, livros etc.).

Kapha

- Sentimento de tristeza e melancolia por ter ganhado peso.
- Relevância em possuir, armazenar e economizar as coisas.
- Dependência ou proteção exagerada nos relacionamentos.
- Sono excessivo e acordar tarde.
- Sedentarismo.
- Estagnação contínua.

AMBIENTE

O ambiente também é muito importante neste contexto. Imagine quanto desequilíbrio pode ser gerado se você trabalha mais de oito horas por dia em um ambiente inadequado para seu dosha.

O vata é muito sensível e vai se desequilibrar em ambientes barulhentos, desorganizados e em lugares com muitos estímulos dos sentidos. Deve priorizar ambientes calmos e seguros, locais com conforto, que inspirem calma e repouso. Deve evitar ambientes frios, secos e com vento.

O pitta precisa de ambientes frescos, bem ventilados e com luz natural (sem incidir diretamente nele). Lugares quentes e úmidos desequilibram esse dosha. O ambiente deve ser bonito, com plantas ou perto da natureza. Deve evitar ambientes estressantes, competitivos e estímulos violentos.

O kapha deve ter um ambiente mais dinâmico, estimulante, ensolarado, seco, com poucos móveis, sem tapetes ou cortinas, fáceis de limpar (antialérgicos). O ambiente ideal para esse dosha deve ser mais austero (tendência a gostar muito do luxo, que aumenta seu sedentarismo).

Alimentação

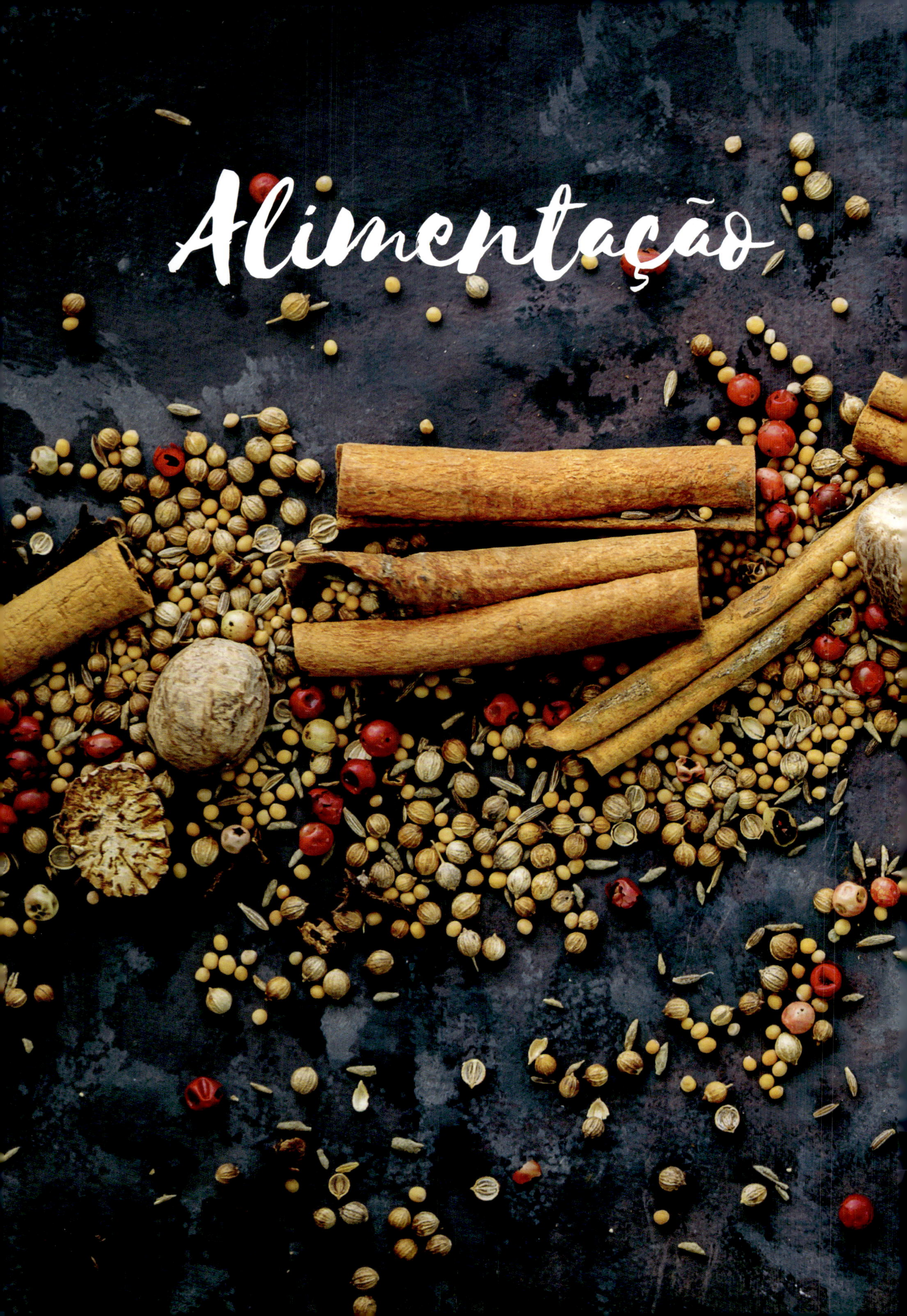

*O **ayurveda** nos orienta a seguir uma dieta balanceada, levando em consideração nossa intuição e nosso autoconhecimento, e classifica os alimentos de acordo com os seis sabores, os quais enviam uma infinidade de informações aos nossos doshas.*

Doce, ácido, salgado, picante, amargo, adstringente

Certos sabores são melhores para diferentes pessoas, dependendo de sua constituição básica ou do desequilíbrio que estas possam apresentar no momento.

Cada sabor (rasa) proporcionará um efeito na mente e no corpo, equilibrando ou não os doshas. As necessidades de cada indivíduo ditam quais ervas e alimentos devem ser ingeridos, para que sejam instrumentos eficazes de prevenção e tratamento do desequilíbrio e da doença.

SABOR *(RASA)*	AÇÃO SOBRE O *DOSHA*	EFEITO MENTAL POSITIVO	EFEITO MENTAL NEGATIVO
Doce	V (– –) P (–) K (++)	Traz prazer e contentamento	K = letargia V = ansiedade
Ácido	V (– –) P (++) K (++)	Desperta a mente e os sentidos	Raiva e impaciência
Salgado	V (– –) P(+) K (+)	Acalma os nervos e reduz a ansiedade	Raiva, letargia
Picante	V (+) P (+) K (– –)	Abre a mente e os sentidos	Raiva e impaciência
Amargo	V (++) P (– –) K (–)	Clareia os sentidos e as emoções	Ansiedade, medo e insônia
Adstringente	V (+) P (– –) K (–)	Esfria a mente e remove a letargia	Ansiedade, medo, preocupação e insônia

K = *kapha*; P = *pitta;* V = *vata*.
Os sinais (- e +) indicam a intensidade da ação do sabor sobre o *dosha*.

ALIMENTOS PARA *equilibrar vata*

	PREFERIR	EVITAR
Vegetais	• Vegetais cozidos • Aspargo, beterraba • Cebola e alho (não crus), pepino • Cenoura, vagem, rabanete • Nabo, quiabo, abóboras • Tubérculos: batata-doce	
Frutas	• Frutas cozidas • Frutas doces e maduras em geral • Abacate, abacaxi, ameixa, amora, pera • Banana, cereja, coco, damasco • Laranja, manga, mamão, nectarina • Pêssego, tâmara, uva	• Frutas secas em geral (produzem gases — quando quiser ingeri-las, hidrate antes) • Maçã, pera, romã (são aceitáveis se forem cozidas)
Cereais	• Arroz (todos os tipos, mas preferir o basmati), aveia (preferir cozida), quinua cozida	• Centeio, flocos de arroz, milho, painço, cevada, tapioca, trigo-sarraceno
Laticínios	• Leite (morno), iogurtes e queijos caseiros e orgânicos, manteiga ghee, queijo de cabra, queijos maturados	
Carnes e ovos	• Frango orgânico e peixes de água doce ou salgada	• Porco e carneiro • Reduzir as carnes de maneira geral
Adoçantes naturais	• Stévia, mel cru, açúcar de coco • Melado e rapadura com moderação	
Leguminosas	• Feijões (preferir o moyashi), grão-de-bico, lentilhas e ervilhas com caldo e temperos para evitar gases	• Ervilha seca, soja
Óleos	• Todos são bons, mas o óleo de gergelim é o melhor	
Oleaginosas e sementes	• Todas podem ser consumidas, mas em pequena quantidade e, de preferência, hidratadas por pelo menos 1 hora. • Amêndoas, gergelim, chia e girassol são melhores	
Ervas e temperos	• Todos os temperos são bons para *vata*; cebolinha, manjericão, salsinha, cardamomo, assa-fétida, noz-moscada, açafrão, cominho, gengibre e feno-grego	

OBSERVAÇÃO: os alimentos que não estiverem listados aqui podem ser considerados neutros no sentido de agravar ou equilibrar os *doshas*.

ALIMENTOS PARA *equilibrar pitta*

	PREFERIR	EVITAR
Vegetais	• Todos são bons para *pitta*, com exceção dos citados ao lado	• Alho, cebola, espinafre • Pimentão, rabanete, tomate, beterraba crua, milho, azeitonas verdes
Frutas	• A maioria pode ser consumida. Preferência para: abacate, ameixa-preta, cereja • Coco, figo, laranja • Maçã, manga, melão • Passa, pera, uva, melancia	• Frutas muito azedas ou verdes; abacaxi azedo, damasco, laranja azeda, limões, mangas verdes, romãs, papaia, tamarindo etc.
Cereais	• Arroz, aveia, cevada, centeio e cevadinha	• Painço, farelo de trigo
Laticínios	• Manteiga ghee, manteiga sem sal, leite orgânico	• Queijos e iogurtes (são muito ácidos para *pitta*) Se quiser consumir, preferir queijos frescos sem sal e iogurtes frescos e diluídos em água
Carnes e ovos	• Ovos, frango, peixes brancos e camarão (com moderação)	• Carne vermelha e peixes salgados e secos como o bacalhau
Adoçantes naturais	• Stévia, açúcar de coco	• Mel (em pouca quantidade) e melado
Leguminosas	• Pode consumir todas	
Óleos	• Manteiga ghee e óleo de coco • Manteiga e azeite de oliva e óleo de abacate (com moderação)	• Amêndoa, açafrão • Gergelim, milho, linhaça
Oleaginosas e sementes	• Amêndoas • Semente de abóbora • Semente de girassol	• Reduzir todas as outras oleaginosas • Semente de chia • Semente de gergelim
Ervas e temperos	• Açafrão, baunilha, cardamomo • Coentro, hortelã, cominho, erva-doce, manjericão, salsinha, gengibre com moderação	• Ervas e temperos picantes

ALIMENTOS PARA *equilibrar kapha*

	PREFERIR	EVITAR
Vegetais	• Folhas e vegetais picantes e amargos • Aipo, repolho, alface, radicchio, alho-poró, cebola, berinjela, jiló, couve, bertalha, escarola, espinafre, cenoura, mostarda, brócolis	• Tomate, abóbora e pepino • Todos os tubérculos: batata, batata-doce, mandioca, mandioquinha, inhame
Frutas	• Damasco, maçã verde, pera, romã, cerejas, caqui • Frutas secas em geral	• Frutas doces e pesadas: abacate, banana, coco, figo fresco, melão, mamão, tâmara • Frutas ácidas e com muito sumo
Cereais	• Centeio, cevada, painço • Trigo-sarraceno, aveia crua	• Arroz, aveia cozida, trigo
Laticínios	• Queijo de cabra (em pequena quantidade)	• Reduzir ao máximo o leite de vaca e seus derivados
Carnes e ovos	• Camarão, frango, peru, ovos	• Carne bovina, suína e caprina • Frutos do mar, exceto camarão • Peixes (esporadicamente) • Tudo sem fritar e sem molho
Adoçantes naturais	• Mel, açúcar de coco e stévia	• Melado, rapadura, açúcar
Leguminosas	• Todas são aceitáveis	
Óleos	• Óleo de coco e manteiga ghee	• Moderar o consumo de todos os outros óleos
Oleaginosas e sementes	• Sementes de abóbora e girassol	• Todas, menos as citadas ao lado
Ervas e temperos	• Todos os temperos são adequados para o *kapha*, principalmente os mais picantes	• Sal (com moderação, pois há tendência a edemas)

No ayurveda, algumas combinações são incompatíveis, pois deflagram a formação de toxinas e podem causar alergias.

ALIMENTO	COMBINAÇÃO INCOMPATÍVEL
Batata, tomate, berinjela, pimentas	• Iogurte, leite, melão, pepino
Iogurte	• Frutas ácidas, melão, bebidas quentes, carne, peixe, manga, amido, queijo
Leite	• Banana, peixe, carne de vaca, melão, frutas ácidas, pão fermentado, cereja
Limão	• Iogurte, leite, tomate, pepino
Manga	• Iogurte, queijo, pepino
Melão	• Grãos, amidos, frituras, queijos
Milho	• Uva-passa, banana
Ovo	• Leite, carne, iogurte, melão, peixe, banana
Rabanete	• Leite, banana, uva-passa
Mel	• Manteiga ghee (na mesma proporção) ou mel aquecido (nunca aquecer o mel, pois provoca a formação de toxina)

Na culinária aiurvédica, as especiarias são utilizadas na preparação de alguns alimentos com o intuito de combater os possíveis efeitos negativos que nos causam, funcionando como um antídoto. Existem alimentos que não são adequados para nosso dosha ou para os desequilíbrios que estamos enfrentando no momento. Assim, o uso de ervas e especiarias ajuda na formação de enzimas digestivas, que facilitam a passagem do alimento pelo trato intestinal, além de fornecerem propriedades antioxidantes importantes na prevenção de doenças.

ALIMENTO	EFEITO NEGATIVO	ANTÍDOTO
Abacate	• Aumenta o *kapha*	• Limão, açafrão, alho, pimenta
Álcool	• Estimulante, depressivo	• Cardamomo
Alface	• Produz gases	• Limão, azeite
Alho	• Aumenta o *pitta*	• Coco grelhado, limão
Arroz	• Aumenta o *kapha*	• Cravo, pimenta
Aveia	• Aumenta o *kapha*	• Açafrão, mostarda, cominho
Banana	• Aumenta o *kapha* e o *pitta*	• Cardamomo e canela
Batata	• Produz gases	• Manteiga ghee, pimenta
Cafeína	• Estimulante, depressivo	• Cardamomo, noz-moscada
Carne vermelha	• Pesa na digestão	• Pimenta, cravo, alho, cebola
Chocolate	• Estimulante	• Cardamomo, cominho
Doces	• Aumentam o muco	• Gengibre em pó
Frutas secas	• Agravam o *vata*	• Hidratá-las
Iogurte	• Aumenta o muco	• Cominho, gengibre
Leguminosas	• Provocam gases e distensão abdominal	• Alho, pimenta-do-reino, gengibre e sal
Manga	• Diarreia	• Manteiga ghee, cardamomo
Nozes	• Provocam gases, aumentam o *pitta*	• Hidratá-las, cozinhá-las em manteiga *ghee*
Ovo	• Aumenta o *pitta* e o *kapha*	• Salsa, açafrão, cebola
Peixe	• Aumenta o *pitta*	• Coco e limão
Queijo	• Aumenta o muco; agrava o *pitta* e o *kapha*	• Pimenta-do-reino e pimenta-vermelha
Repolho	• Produz gases; agrava o *vata*	• Açafrão
Trigo	• Aumenta o *kapha*	• Gengibre

HÁBITOS DE ALIMENTAÇÃO IMPORTANTES NO *AYURVEDA*

- Faça das refeições momentos sagrados e traga sua atenção para esses momentos, sentindo-se agradecido(a) pelo alimento que está sendo disponibilizado para você.
- Tenha consciência de que, por meio dos alimentos, obtemos nutrientes e energia vital (*prana*) — mais um motivo para consumirmos alimentos orgânicos, livres de aditivos químicos.
- Evite comida congelada, aquecida no micro-ondas, muito cozida e velha, pois não contém prana.
- Prefira, sempre que possível, alimentos preparados na hora.
- Coma em uma atmosfera tranquila.
- Evite bebidas e alimentos gelados durante as refeições (prejudicam a digestão).
- Espere uma refeição ser digerida totalmente para iniciar outra.
- Coma apenas se tiver fome (os vatas devem ter cuidado em alimentar-se com mais frequência, pois, como sua fome é muito irregular, pode haver comprometimento nutricional).
- Evite doces ou mesmo frutas após as refeições (prejudicam a digestão).
- Procure almoçar entre 12h e 13h30 — horário pitta, quando se tem maior fogo digestivo.
- Evite alimentos processados industrialmente.
- Evite comer tarde da noite e prefira alimentos leves e cozidos nessa hora.

Elaboramos um dia alimentar aiurvédico levando em consideração o equilíbrio dos sabores e os antídotos. Retirar, intensificar ou diminuir um sabor por meio de um ingrediente é uma missão individual, que depende do equilíbrio de seu dosha no dia e de sua intuição.

A ayurveda não prega o vegetarianismo. Ele deve ser uma escolha pessoal. O consumo de carnes é permitido para qualquer tipo de *dosha*. Dependendo do desequilíbrio, a ingestão de carnes animais é até recomendada. Mas temos de levar em consideração que tais proteínas podem ser de difícil digestão para algumas pessoas. Com o tempo, provocam a formação de toxinas (ama). Portanto, optamos por apresentar um dia alimentar vegetariano.

Comece a observar muito atentamente a reação de seu corpo e de sua mente a determinados alimentos. Escute o que ele fala e pede. Cada dia pode ser diferente. Organize sua alimentação de acordo com esses sinais e sintomas. Nossas sugestões poderão servir sempre de base. Faça a experiência!

DIA ALIMENTAR *inspirado no ayurveda*

MASALAS

Os temperos são a melhor opção para aumentar o agni, pois, com suas propriedades antimicrobianas, ajudam a eliminar ama (toxinas) e a reequilibrar a flora intestinal. A cúrcuma, a canela, o gengibre e a pimenta intensificam a secreção das enzimas digestivas e podem ser adicionados diariamente aos alimentos. As ervas amargas e picantes geralmente têm a capacidade de eliminar ama do trato gastrointestinal. Cardamomo, cominho e assa-fétida também são úteis nesse caso.

As especiarias que compõem uma masala têm seu aroma e princípio ativo estimulados quando aquecidas. Portanto, se for usá-las sobre a refeição já feita, deve-se, com antecedência, levá-las para uma panela previamente aquecida e deixar por um minuto. Logo em seguida, triture-as e coloque-as em potinhos secos e protegidos da luz e da umidade. Dessa maneira, pode-se usar polvilhando-as por cima de sua refeição e levá-las quando for comer fora. Se for usá-las para preparar a refeição, é só triturar, misturar, guardar em potinhos e aquecer as especiarias antes da preparação.

O uso desses temperos é excelente para ajudar a equilibrar os *doshas*. Portanto, sempre que sentir que há desequilíbrio, use o tempero específico. Se sentir que há um excesso de vata, use a masala vata, e assim por diante.

Montamos quatro masalas. Você pode fazer a sua escolhendo as ervas e as especiarias mais adequadas ao seu corpo e ao seu gosto.

Masala vata

- Gengibre em pó: 1 colher de chá
- Cominho em pó: 1 colher de chá cheia
- Noz-moscada em pó: 1 colher de chá
- Açafrão: 1 colher de sobremesa
- Páprica doce: 1 colher de café
- Assa-fétida: 1 colher de café

Masala kapha

- Gengibre em pó: 1 colher de sopa
- Mostarda em pó ou grãos: 2 colheres de sopa
- Canela em pó: ½ colher de chá
- Pimenta-do-reino em pó: 1 colher de chá
- Pimenta-de-caiena em pó: ½ colher de café
- Açafrão em pó: 1 colher de chá

Masala pitta

- Coentro em pó ou grãos: 1 colher de sopa
- Cominho em pó ou grãos: 1 colher de chá
- Açafrão: 1 colher de sopa
- Feno-grego em pó ou grãos: ½ colher de chá
- Noz-moscada em pó: ½ colher de chá
- Erva-doce: 1 colher de chá

Masala doce

- Canela: 1 colher de chá
- Cravo: 1 colher de chá
- Erva-doce: 1 colher de sobremesa
- Cardamomo em pó: 2 colheres de chá cheia
- Baunilha: 1 fava inteira moída

Mingau de aveia com pasta de ameixa

INGREDIENTES

- Aveia em flocos: 2 colheres de sopa
- Leite de coco caseiro (receita na página 49): 1 xícara de chá
- Ameixa seca picada: 1 xícara de chá
- Água: 2 xícaras de chá
- Açafrão em pó: ½ colher de café

MODO DE PREPARO

Leve a aveia e o leite de coco para cozinhar em fogo baixo por alguns minutos até atingir a textura desejada.

Leve a ameixa com a água e o açafrão para cozinhar em fogo baixo por uns 10 minutos ou até formar uma pasta. Se desejar mais fininho, processe o creme. Sirva o mingau imediatamente após o preparo, com um pouco da pasta de ameixa por cima.

Panqueca de grão-de-bico

INGREDIENTES

- Ovo: 1 unidade
- Farinha de grão-de-bico: 1 xícara de chá
- Semente de chia: 1 colher de sobremesa
- Água: 1 xícara de chá
- Açafrão em pó: ½ colher de chá
- Pimenta-do-reino: a gosto
- Sal: a gosto
- Azeite, manteiga ghee ou óleo de coco: suficiente para untar a frigideira

MODO DE PREPARO

Misture bem todos os ingredientes (exceto o azeite) ou, se preferir, bata-os no liquidificador. Unte levemente uma frigideira com azeite ou manteiga ghee e coloque um pouco da massa. Espalhe bem para que fique fina. Deixe em fogo baixo até que as bordas comecem a se soltar. Vire-a para que doure rapidamente do outro lado. Sirva com o recheio de sua preferência.

RENDIMENTO: 4 panquecas pequenas.

RECHEIO DE PATÊ DE AMÊNDOAS – "QUEIJO"

INGREDIENTES

- Bagaço do leite de amêndoas (receita na página 174): 1 xícara de chá
- Masala salgada (receita na página 168–169): 2 colheres de chá da masala escolhida
- Azeite: 1 colher de sopa
- Sal: a gosto
- Suco de limão: 1 colher de sopa
- Ervas frescas: salsinha, cebolinha e outras a gosto

MODO DE PREPARO

Coloque o azeite em uma frigideira pequena, acrescente a masala e leve ao fogo rapidamente. Retire do fogo e misture com o restante dos ingredientes. Ajuste o tempero a seu gosto. Recheie as panquecas.

RECHEIO DE MAÇÃ

INGREDIENTES

- Maçã Fuji picada: 2 unidades
- Masala doce (receita na página 169): 1 colher de chá
- Açúcar demerara: 1 colher de sopa
- Manteiga ghee: 1 colher de chá
- Canela: ½ colher de café
- Gengibre ralado: 1 colher de chá

MODO DE PREPARO

Em uma panela, coloque a manteiga ghee e acrescente as especiarias (masala doce, canela e gengibre). Aqueça por 1 minuto. Em seguida, coloque o açúcar e a maçã. Deixe cozinhar em fogo baixo por uns 10 minutos ou até a textura desejada. Recheie as panquecas.

Chai

INGREDIENTES

- Chá-preto: 1 xícara de chá
- Leite de amêndoas: 1 xícara de chá
- Canela em pó: ½ colher de chá
- Gengibre ralado: ½ colher de chá

MODO DE PREPARO

Coloque todos os ingredientes em uma panela e leve ao fogo. Deixe ferver por uns 5 minutos e sirva. Coe, se desejar.

LEITE DE AMÊNDOAS

INGREDIENTES

- Amêndoas inteiras: 1 xícara de chá
- Água: 2 xícaras de chá

MODO DE PREPARO

Bata as amêndoas com água no liquidificador por uns 3 minutos ou até formar o leite. Ajuste a textura desejada com mais ou menos água. Peneire bem até extrair todo o líquido. Se desejar, utilize um voal ou outro tecido bem fino para espremer melhor. Utilize o bagaço para preparar queijos, patês, bolos etc.

RENDIMENTO**:** 2 xícaras

CHÁ-PRETO

INGREDIENTES

- Água: 1 xícara de chá
- Chá-preto: 1 colher de sopa da erva desidratada

MODO DE PREPARO

Leve a água ao fogo. Quando começar a ferver, desligue. Acrescente a erva e tampe por 5 minutos. Coe e reserve.

Salada verde com jurubeba e molho de mostarda e mel

INGREDIENTES

- Folhas (radicchio, mostarda, alface): 8 folhas no total
- Jurubeba em conserva: ½ xícara de chá
- Mostarda de Dijon: 1 colher de sopa
- Semente de mostarda: 1 colher de chá
- Mel: 1 colher de sopa
- Azeite: 1 colher de sobremesa
- Sal: a gosto
- Água: a gosto

MODO DE PREPARO

Para o molho, misture bem a mostarda, as sementes, o mel, o azeite, o sal e acrescente a água aos poucos até a textura desejada.

Reserve. Rasgue as folhas e coloque-as na travessa que for servir. Junte as jurubebas partidas ao meio. Regue com o molho de mostarda.

Panc: Jurubeba (*Solanum paniculatum*) ou jurubeba-verdadeira, jubeba, jurubeba-branca, jupeba

Muito utilizada nos estados de Goiás, Mato Grosso e Minas Gerais. É comercializada in natura *ou em conserva. Podemos comer a jurubeba pura como aperitivo ou em preparações de salada ou pratos quentes.*

Tem o gosto bem amargo, o que estimula a digestão.

Carpaccio colorido

INGREDIENTES

- Beterraba: ½ unidade pequena
- Rabanete: 2 unidades
- Chuchu: ½ unidade pequena
- Azeite: 3 colheres de sopa
- Suco de limão: 1 ½ colher de sopa
- Cebolinha e salsinha picadas: 1 colher de sopa ou a gosto
- Sal: a gosto
- Pimenta-do-reino: a gosto

MODO DE PREPARO

Descasque a beterraba e o chuchu. Fatie todos os vegetais bem finos. Coloque o chuchu em uma peneira, acrescente um pouco de sal e deixe descansar por 5 minutos. Enxágue e reserve. Prepare o molho, misturando o azeite, o suco de limão, as ervas, o sal e a pimenta-do-reino. Emulsione bem. Disponha os vegetais como preferir e finalize com o molho e ervas frescas.

Arroz basmati com pimenta-rosa e raspas de limão

INGREDIENTES

- Arroz basmati: 1 xícara de chá
- Água: 2 xícaras de chá
- Sal: 1 colher de chá ou a gosto
- Raspas de limão-siciliano: 1 colher de sopa
- Pimenta-rosa: 1 colher de sobremesa

MODO DE PREPARO

Deixe o arroz de molho em água por uma hora. Escorra. Em uma panela, acrescente o arroz, a água e o sal. Leve para cozinhar com a tampa semiaberta por 10 a 15 minutos ou até os grãos estarem macios.

Desligue o fogo e deixe descansar com a panela tampada por uns 5 minutos. Retire-o e sirva-o com raspas de limão e pimenta-rosa por cima.

Legumes com alecrim

INGREDIENTES

- Brócolis (floretes): 1 xícara de chá
- Batata-doce: 1 unidade pequena
- Abóbora cabotiá: ¼ de uma unidade pequena
- Azeite: 1 colher de sopa
- Alecrim: 2 ramos
- Sal: a gosto

MODO DE PREPARO

Corte a abóbora e a batata-doce como preferir (pode utilizar a casca). Unte levemente um tabuleiro antiaderente com azeite. Disponha os vegetais (brócolis, abóbora, batata-doce) lado a lado, polvilhe o sal e o alecrim e regue com o restante do azeite. Preaqueça o forno a 200°C–220°C.

Leve-os para assar por 15 a 20 minutos ou até ficarem na textura desejada.

OBSERVAÇÃO: se necessário, vire-os no meio do tempo de cozimento. Se desejar os brócolis mais tenros, coloque-os apenas nos últimos 10 minutos.

Feijão tropeiro de azuqui e couve

INGREDIENTES

- Manteiga ghee: 1 colher de sopa
- Cebola picada: ½ unidade pequena
- Alho amassado: 1 colher de chá
- Feijão-azuqui: 1 ½ xícara de chá
- Couve picada: 1 xícara de chá
- Farinha de mandioca: ½ xícara de chá
- Pimenta fresca: a gosto
- Sal: a gosto
- Salsinha: 1 colher de sopa
- Assa-fétida: 1 colher de café

MODO DE PREPARO

Cozinhe o feijão com o dobro de água por aproximadamente 20 a 30 minutos (seu ponto deve ser mais firme, para não desmanchar). Coe e reserve.

Em uma panela, coloque a manteiga ghee, acrescente a cebola, doure-a levemente e acrescente o alho. Refogue rapidamente, acrescente o feijão cozido, a farinha de mandioca, a couve, o sal, a pimenta picadinha e a assa-fétida. Acerte o sal e a pimenta. Refogue tudo por uns minutos e sirva com a salsinha picada por cima.

Chutney de manga verde

INGREDIENTES

- Manga verde picada: 1 unidade
- Vinagre de maçã ou suco de limão: 4 colheres de sopa
- Açúcar mascavo: 4 colheres de sopa
- Gengibre ralado: 1 colher de sobremesa
- Canela em pau: 1 unidade
- Anis-estrelado: 1 unidade
- Pimenta dedo-de-moça sem semente: ½ unidade ou a gosto

MODO DE PREPARO

Leve todos os ingredientes para cozinhar em fogo baixo por aproximadamente 20 a 30 minutos. Se necessário, vá pingando água para chegar à textura adequada (o ponto será uma pasta mais grossa com pequenos pedaços da manga).

Curry de vegetais com baru torradinho e molho de tamarindo

INGREDIENTES

- Inhame em cubos: ½ xícara de chá
- Abobrinha em cubos: ½ xícara de chá
- Vagem: ½ xícara de chá
- Berinjela: ½ xícara de chá
- Manteiga ghee: 3 colheres de chá
- Açafrão em pó: ½ colher de sobremesa
- Cebola picadinha: 2 colheres de sobremesa
- Curry: 1 colher de sobremesa
- Masala salgada (receita na página 168–169): 1 colher de chá da masala escolhida
- Pasta de tamarindo (comprada pronta): 2 colheres de sopa
- Leite de coco caseiro (receita na página 49): 2 xícaras de chá
- Chá de erva-cidreira: 2 xícaras de chá
- Castanha de baru picada: 3 colheres de sopa

MODO DE PREPARO

Em uma panela, coloque 2 colheres de chá de manteiga ghee, a cebola e refogue por uns dois minutos. Acrescente o açafrão, o curry, a masala e refogue rapidamente. Junte a pasta de tamarindo, o chá de erva-cidreira e o leite de coco, baixe o fogo e deixe cozinhar por uns 5 minutos. Acrescente os vegetais picados, o sal e pimenta a gosto. Cozinhe por aproximadamente 15 minutos ou até que os vegetais estejam no ponto desejado. Em uma frigideira, coloque 1 colher de chá de ghee e torre rapidamente as castanhas de baru. Use-as para finalizar o curry.

OBSERVAÇÃO: para o chá de erva-cidreira, ferva por uns 5 minutos 500 ml de água com 1 xícara da erva fresca picada.

Coe e reserve.

OBSERVAÇÃO: o curry pode ser uma refeição completa por si só, e acompanhado de arroz fica melhor ainda. Pode também ser servido como acompanhamento de uma refeição maior.

RENDIMENTO: serve 2 ou 3 pessoas.

Docinho de abóbora com coco

INGREDIENTES

- Abóbora-moranga ou cabotiá picada: 2 xícaras de chá
- Açúcar de coco: 4 colheres de sopa
- Leite de coco caseiro (receita na página 49): 1 xícara de chá
- Bagaço do leite de coco caseiro (receita na página 49): 2 colheres de sopa
- Canela em pó: a gosto

MODO DE PREPARO

Descasque e pique a abóbora em cubos pequenos. Em uma panela, coloque o açúcar de coco, a abóbora picada, o leite de coco e seu bagaço. Cozinhe em fogo baixo de 20 a 30 minutos. Se necessário, pingue mais leite de coco. Cozinhe até ter a consistência desejada. Desligue o fogo e, se desejar, finalize com canela e mais coco ralado.

OBSERVAÇÃO: na filosofia ayurveda, comer doces ou frutas após as principais refeições pode prejudicar a digestão. Mas se você gosta e tem um bom agni, pode comê-los eventualmente. São os alimentos que nutrem a "alma".

Lassi

INGREDIENTES

- Iogurte natural: 200 ml
- Masala doce (receita na página 169): 1 colher de chá
- Tâmaras: 3 unidades

MODO DE PREPARO

Bata todos os ingredientes no liquidificador e sirva.

Chapati com tahine negro e ceviche de brócolis

CHAPATI

INGREDIENTES

- Farinha de trigo integral: 1 xícara de chá
- Água: ½ xícara de chá
- Azeite: 1 colher de sopa
- Sal: ½ colher de chá

MODO DE PREPARO

Em uma vasilha, coloque a farinha de trigo, o sal e o azeite; vá colocando a água e sovando até formar uma massa lisa e macia.

Deixe descansar por 10 minutos. Faça bolas com a massa (o tamanho da bola depende do tamanho do pão que desejar fazer) e abra-as com o auxílio de um rolo. Aqueça bem uma frigideira levemente untada com azeite e coloque um disco da massa. Deixe assar por 30 segundos ou até começar a formar bolhas. Vire-o e deixe-o mais alguns segundos. Você pode também colocá-lo direto na chama do fogão segurando-o com uma pinça.

Retire os discos da chama, coloque-os em uma vasilha logo em seguida e abafe-os, para não ressecarem. Posteriormente, pode conservá-los em sacos plásticos por uns 2 dias.

TAHINE NEGRO

INGREDIENTES

- Semente de gergelim preto: 2 xícaras de chá
- Sal: a gosto

MODO DE PREPARO

Torre levemente o gergelim em uma frigideira ou leve-o ao forno rapidamente para aquecer (esse processo facilita a liberação dos óleos e diminui o tempo de processamento). Coloque as sementes em um processador ou liquidificador mais potente e triture-as até formar uma pasta.

Desligue e mexa até chegar à textura de pasta lisa e brilhante. Finalize misturando o sal na pasta pronta.

OBSERVAÇÃO: conserve na geladeira. Como dura bastante, é mais prático fazer em maior quantidade.

CEVICHE DE BRÓCOLIS

INGREDIENTES

- Brócolis picadinho: 1 xícara de chá
- Cebola-roxa em cubinhos: 1 colher de sopa
- Gengibre ralado: 1 colher de chá
- Pimenta dedo-de-moça: a gosto
- Coentro: a gosto
- Suco de limão: ½ unidade
- Azeite: 2 colheres de sobremesa
- Sal: a gosto

MODO DE PREPARO

Em uma vasilha, misture todos os ingredientes e deixe-os marinar por uns 10 minutos. Reserve.

Coloque um pouco da pasta de gergelim sobre o chapati e, por cima, o ceviche de brócolis. Sirva.

Frutas assadas com masala doce

INGREDIENTES

- Figo fresco: 2 unidades
- Banana-prata: 2 unidades
- Pera: 1 unidade
- Suco de laranja: 1 unidade
- Raspas de laranja: 1 unidade
- Masala doce (receita na página 169): 1 colher de chá
- Canela em pó: 1 colher de chá
- Anis-estrelado: 1 unidade

MODO DE PREPARO

Preaqueça o forno a 200°C. Pique as frutas do tamanho desejado, coloque em um refratário e acrescente o restante dos ingredientes. Misture bem para que todas as frutas fiquem envolvidas e leve para assar por 10 minutos. Poder servir quente ou frio.

Chá de semente de coentro com hortelã e raspinha de limão

INGREDIENTES

- Água: 200 ml
- Semente de coentro: 1 colher de chá
- Hortelã: 8 folhas
- Raspinhas de limão-siciliano: 1 colher de chá

MODO DE PREPARO

Macere levemente as sementes de coentro no pilão ou em algum socador. Coloque a água e as sementes em uma panela, junte as folhas de hortelã e as raspas de limão. Após levantar fervura, desligue e tampe por 5 minutos. Coe e sirva.

Kitchari

INGREDIENTES

- Manteiga ghee: 1 colher de sopa
- Cebola picadinha: 2 colheres de sopa
- Semente de cominho: 1 colher de sobremesa
- Açafrão em pó: 1 colher de sobremesa
- Arroz basmati: 1 xícara de chá
- Feijão moyashi: 1 xícara de chá
- Alho-poró picado: 1 xícara de chá
- Cenoura em cubinhos: 1 xícara de chá
- Água ou caldo de vegetais (dashi — receita na página 213): 3 xícaras de chá
- Sal: a gosto

MODO DE PREPARO

Deixe o feijão de molho por algumas horas. Descarte a água. Em uma panela, coloque a manteiga ghee, refogue a cebola, o cominho (macerar um pouco antes de colocar na panela) e o açafrão. Acrescente o alho-poró, a cenoura, o arroz, o feijão e refogue por 2 minutos. Junte a água ou o caldo e o sal, deixe a panela semiaberta e cozinhe em fogo baixo de 25 a 30 minutos. O kitchari deve ser servido bem cozido, com todos os grão bem macios, portanto, se precisar, vá pingando mais água.

RENDIMENTO: serve 4 pessoas.

Hambúrguer de lentilha com couve-flor e quiabo assados ao molho de tahine

HAMBÚRGUER DE LENTILHA

INGREDIENTES

- Lentilha: 1 xícara de chá
- Cebola picadinha: 1 colher de sopa
- Alho amassado ou tempero de açafrão e alho (receita na página 36): ½ colher de chá
- Azeite: ½ colher de sopa
- Suco de limão: 3 colheres de sopa
- Cominho em pó ou semente ou a masala de sua preferência (receita na página 168–169): ½ colher de chá a gosto
- Farinha de arroz: 1 colher de sopa
- Cebolinha picada: 2 colheres de sopa
- Sal: ½ colher de chá ou a gosto
- Molho de tahine (receita na página 40): 2 colheres de sopa ou a gosto

MODO DE PREPARO

Cozinhe a lentilha com 2 xícaras de água por uns 15 minutos ou até estar macia.

Coe e reserve. Em uma panela, coloque o azeite e refogue rapidamente a cebola e o alho. Em um liquidificador ou processador, coloque a lentilha cozida, o refogado de cebola e alho, o cominho (se utilizar o cominho em pó, coloque menos, pois é mais forte que a semente, e ajuste), o suco de limão e o sal. Processe até formar uma massa não muito lisa. Se precisar, coloque mais uma colher de azeite para ajudar no processamento. Coloque a massa em uma vasilha, acrescente a cebolinha, a farinha de arroz e misture para incorporar. Molde os hambúrgueres do tamanho desejado e leve para grelhar em frigideira antiaderente (ou assar) até ficarem douradinhos.

COUVE-FLOR E QUIABO

INGREDIENTES

- Couve-flor: 8 floretes
- Quiabo: 10 unidades
- Azeite: 1 colher de sobremesa
- Sal: a gosto

MODO DE PREPARO

Preaqueça o forno a 220°C–250°C. Coloque os vegetais em um refratário untado com azeite. Acrescente o sal e leve para assar por 10 a 15 minutos. Sirva o molho tahine sobre os legumes assados ou sobre o hambúrguer.

Sopa de legumes picados com grão-de-bico

INGREDIENTES

- Manteiga ghee: 1 colher de sopa
- Cebola picada: 2 colheres de sopa
- Alho amassado ou tempero de alho (receita na página 36): 1 colher de chá
- Cenoura em cubos: 1 xícara de chá
- Chuchu em cubinhos: 1 xícara de chá
- Tomate: 1 unidade
- Açafrão em pó: 1 colher de chá
- Cominho: 1 colher de chá
- Páprica: 2 colheres de chá
- Sal: 1 colher de chá ou a gosto
- Grão-de-bico: 1 xícara de chá
- Água ou caldo de vegetais (dashi — receita na página 213): 6 xícaras de chá
- Couve ou escarola: 1 folha

MODO DE PREPARO

Deixe o grão-de-bico de molho por algumas horas. Descarte a água do molho e pré-cozinhe os grãos por 20 minutos. Em uma panela, coloque a manteiga e refogue a cebola e o alho. Acrescente o açafrão, o cominho, a páprica e aqueça por mais 1 minuto. Coloque a cenoura, o tomate, o chuchu e o grão-de-bico. Refogue por uns 2 minutos, acrescente a água ou o caldo e o sal. Deixe cozinhar por mais 20 a 30 minutos ou até o grão-de-bico e os vegetais estarem no ponto. Quando estiver pronta, desligue o fogo, acrescente a couve rasgada e misture. Sirva em seguida.

RENDIMENTO: serve 3 pessoas.

Leite dourado (golden milk)

INGREDIENTES

- Açafrão: 1 colher de chá
- Leite de coco caseiro (receita na página 49): 200 ml
- Baunilha em fava: 1 pedacinho
- Cardamomo: 2 bagas
- Canela: 1 pitada
- Mel cru: 1 colher de chá

MODO DE PREPARO

Leve todos os ingredientes, menos a canela, para aquecer na panela. Raspe as sementinhas da baunilha e jogue a casca junto para ferver com o leite. Quando levantar fervura, desligue. Coe, adoce com o mel e salpique um pouco de canela.

OBSERVAÇÃO: cuidado para não aquecer muito o mel. Sua fervura libera toxinas que podem criar ama no organismo. Portanto, misture o mel por último, já na xícara.

Capítulo 5

COMIDAS PARA MEDITAR: UMA VISÃO DO ZEN-BUDISMO

APRESENTAÇÃO

Sou monja ordenada no Templo Daibutsuzan Sorinji, Grande Montanha Buda — Vila Zen, situado em Viamão, Rio Grande do Sul, Brasil. Somos de uma linhagem que descende de Xaquiamuni Buda, Bodidarma, Dogen, Keizan e outros 81 patriarcas do zen. Tenho como mestra de ordenação a Monja Coen Roshi, e como mestre de treinamento, Dengaku Sensei.

Baseio minhas práticas e ações nos ensinamentos que todos os grandes mestres enfatizam: prática é iluminação. Não estou falando que sou iluminada, mas sim que pratico os ensinamentos, inclusive sem objetivos, prestando muita atenção na vida exemplar de todos os grandes mestres e naqueles que me rodeiam, acessando o que cada um oferece.

Por isso aceitei o convite para participar deste projeto, que envolve a cozinha e uma alimentação conscientes. A cozinha é uma prática muito importante no zen-budismo. Ela é uma realização do sagrado em nós. É abraçar tudo o que existe.

O QUE É A COZINHA?

A cozinha sou eu, você e o universo inteiro. Não há separação. Quando adquirimos essa compreensão, tudo se transforma, e habitamos a tranquilidade e a maravilha desse entendimento: colheres, temperos, panelas, folhas, tigelas e todos os seres são o milagre deste momento.

Cozinhar a existência, fritar a alegria, lavar o impuro, tornando-o puro... Como lidamos com tudo isso sem parecer que esse reverenciar tudo e todos se banaliza? Momento consciente, respiração consciente, corpo e mente aqui e agora sem demagogias ou elucubrações.

Confie em você, medite da melhor forma para seu corpo e mente, pratique com gentileza (consigo mesmo e com os outros), corte as cebolas com tranquilidade, ferva a água com suavidade, e a comida que brota do seu coração se tornará imaculada e alimentará toda a existência. Com carinho,

Monja Myoden

"Se você mantiver uma mente clara a cada momento, terá felicidade em todo lugar."

Xaquiamuni Buda

COM ESTA INVOCAÇÃO, INICIA-SE UMA REFEIÇÃO NO ZEN-BUDISMO

PRIMEIRO

Inumeráveis trabalhadores nos trouxeram esta comida,
devemos saber como chega até nós.

SEGUNDO

Devemos considerar se nossa virtude e
prática a merecem.

TERCEIRO

Como desejamos a condição natural da mente,
para estarmos livre de apegos,
precisamos estar livres da ganância.

QUARTO

Como um bom remédio
para manter nossa vida,
aceitamos esta comida.

QUINTO

Para nos tornarmos o Caminho,
agora comemos esta comida.

Acredito que essas palavras já nos dão o caminho do que significa o alimento e o alimentar para esta filosofia. Um olhar simples e profundo, que pode fundamentar a relação com os alimentos não só dos budistas, mas de todas as pessoas que já se encontram sintonizadas nesse processo.

É o alimento que nutre o corpo e o espírito. O Budismo nasceu no século V a.C. na Índia, com a iluminação de Buda. Várias vertentes derivaram dessa filosofia, e uma delas é o zen-budismo.

O zen-budismo é um método prático de realização da natureza de Buda por meio da meditação.

Para entender a relação do zen-budismo e a cozinha, é importante mencionar o mestre Dôgen. Ele foi um pensador japonês de grande importância para o zen-budismo. Em 1237, escreveu um livro do qual fazem parte temas sobre a culinária do templo (Shôjin Ryôri).

Neste capítulo, encontra-se o Tenzô Kyokun, "Instruções ao cozinheiro zen", no qual o mestre coloca regras para a preparação das refeições, seu significado e a correta atitude em relação a elas.

Esses ensinamentos foram inspirados em sua viagem à China, onde conheceu um tenzô (responsável pela cozinha do templo) que lhe mostrou a essência do ato de cozinhar e sua importância espiritual.

A essência está no fato de que a prática de cozinhar e comer corretamente traz a espiritualidade para o cotidiano. Cozinhar em plena atenção é meditar. A plena atenção é praticada também em zazen (meditação budista sentada), em samu (trabalho coletivo de limpeza e manutenção do espaço), assim como em qualquer atividade realizada.

ALGUNS ENSINAMENTOS DA CULINÁRIA SHÔJIN

- Preparar uma refeição despindo-se do ego e do anseio por recompensa e elogios. Um cozinheiro zen objetiva apenas o ato de cozinhar, nada mais.
- Ter atenção total ao trabalho, mas não a ponto de negligenciar os outros. A cozinha deve ser harmoniosa, com todos concentrados e em silêncio.
- Ser cuidadoso com todo o processo (elaboração do cardápio, compra da matéria-prima, higienização, preparação, armazenamento e necessidades especiais) e não delegá-lo a outro.
- Evitar o desperdício (nem um grão ou talo deve ser desperdiçado no ato de cozinhar, e nada deve sobrar no prato no ato de comer).
- Conter os 6 sabores na refeição (amargo, ácido, doce, salgado, neutro e picante).
- Conter as 3 qualidades na refeição (suavidade, frescor, precisão).
- Conter cores variadas na refeição, garantindo uma nutrição eficiente (amarelo, branco, verde, vermelho, preto, roxo e marrom).
- Praticar a não discriminação ao utilizar os alimentos. Preparar a refeição com todo amor e cuidado, independentemente da quantidade que se prepara, se o alimento é caro ou barato, raro ou comum, ou mesmo se você adora ou detesta aquele alimento específico.
- Servir pequenas quantidades; moderação é essencial para evitar a gula e o apego a desejos, além de treinar se satisfazer com o que se tem.
- Optar por alimentos frescos e naturais, sem conservantes e aditivos químicos.
- Usar temperos e o cozimento com leveza, valorizando o sabor e a textura natural dos alimentos.
- Comer é um ato importante de alegria e satisfação, uma forma de autorreflexão e de entrar em contato com as necessidades do seu organismo.

E SE TROUXERMOS UM POUCO MAIS DESTAS CITAÇÕES PARA NOSSO DIA A DIA?

INUMERÁVEIS TRABALHADORES
NOS TROUXERAM ESTA COMIDA,

devemos saber como chega até nós

É importante entender toda a cadeia de pessoas e serviços envolvida no processo do alimento, do campo à mesa. Refletir sobre a natureza de interdependência que existe entre nós e a Terra. Gratidão é o que devemos ter em relação a todos os envolvidos e honrar as vidas (animais e vegetais) que são parte do processo.

COMO DESEJAMOS A CONDIÇÃO
NATURAL DA MENTE, PARA ESTARMOS
LIVRE DE APEGOS,

precisamos estar livres da ganância

Ser capaz de cozinhar e/ou comer com o coração, sem ego, com total cuidado ao processo, entregando-se ao ato de cozinhar ou comer e ao que ele representa. Cozinhar sem julgar ou discriminar os alimentos e as pessoas. Sem esperar elogios ou recompensas ou somente almejar o prazer.

Alguém que se deixa influenciar pela qualidade de uma coisa, ou que muda sua atitude, seu discurso e suas maneiras segundo a aparência ou posição social das pessoas que encontra, não é um estudante do Caminho.

DEVEMOS CONSIDERAR SE NOSSA

virtude e prática a merecem

Desenvolver o senso de gratidão por reconhecer a fonte de vida dos ingredientes; o senso de gratidão pelas pessoas que cozinham, o senso de gratidão por reconhecer a vida das pessoas comendo juntas.

COMO UM BOM REMÉDIO
PARA MANTER NOSSA VIDA,

aceitamos esta comida

É necessário nutrir-nos para continuar o caminho.

O rico príncipe indiano Sidarta Gautama escolhe deixar sua vida de luxo e proteção para uma vida ascética, apenas meditando.

Durante seis anos, consumiu o mínimo de comida necessária à sobrevivência, algumas vezes somente um grão de arroz e um de gergelim por dia. Um dia, ele desmaiou de fome e não conseguiu continuar a meditar.

Nesse momento, decidiu-se por um caminho de moderação; aceitou um prato de arroz e leite, que o nutriu a ponto de poder continuar seu caminho de meditação que o levou à Iluminação, tornando-se Buda.

Com essa passagem, reafirmamos a importância de cuidar do corpo e de nutri-lo adequadamente para que o espírito floresça.

Moderação é um caminho de Buda.

PARA NOS TORNARMOS
O CAMINHO,

agora comemos esta comida

Ter gratidão e alegria ao comer, sabendo que esta refeição abençoada nos permitirá seguir.

Com certeza, essa prática extrapola a questão do ato de cozinhar e comer, atingindo todas as áreas de nossa vida e nos deixando mais conectados com nosso corpo e espírito.

Na prática...

Vários mosteiros recebem doações ou têm sua própria criação de animais, portanto, muitas vezes, as refeições poderão conter carnes e laticínios.

E isso também está de acordo com os ensinamentos de Buda: mais importante que o que se come é a atitude em relação à comida e a comer.

Para nosso livro, optamos por um cardápio vegetariano. A preferência será sempre utilizar a produção local e orgânica, com alimentos que, obviamente, não são parte da cultura oriental.

Normalmente, o café da manhã e o almoço são mais importantes e envoltos em cerimônias mais formais.

As refeições são servidas em pequenas tigelas (oryokis). A primeira tigela contém sempre o arroz, como forma de oferta ou homenagem a Buda.

Para meditar por longos períodos, é importante preparar uma alimentação de fácil digestão e não fermentativa

O ato de cozinhar não é nada mais que levar o zazen para a cozinha. A vida espiritual e o cotidiano devem ser o mesmo. Meditar com o coração e cozinhar com o coração devem levar ao mesmo lugar: iluminação.

A CULINÁRIA ZEN-BUDISTA É UM PROCESSO MEDITATIVO COM UMA ALIMENTAÇÃO SIMPLES E NATURAL

Wabi = quietude

SABI = SIMPLICIDADE

Dia alimentar inspirado no zen-budismo

Dashi
Caldo de vegetais e algas

INGREDIENTES

- Água: 6 litros
- Vegetais variados (inteiros, sobras, talos): aproximadamente 3 xícaras de chá dos vegetais picados
- Alga: ½ xícara picada (opcional)
- Sal: a gosto

MODO DE PREPARO

Coloque todos os ingredientes em uma panela funda. Deixe cozinhar em fogo baixo por aproximadamente 20 minutos.

OBSERVAÇÃO: é importante que os vegetais estejam em pedaços menores, para cozinhar rapidamente. Pode-se consumir este caldo puro ou acrescentar outros ingredientes, como vegetais picadinhos, ou utilizá-lo como base de cozimento de várias preparações, como arroz, mingau etc. Pode-se fazer em maiores quantidades, sempre aproveitando ao máximo as sobras de vegetais, bem como congelar para uso futuro. Esta é uma receita básica e usada em várias preparações nesse tipo de culinária.

Mingau de arroz

INGREDIENTES

- Arroz-cateto integral: ½ xícara de chá
- Dashi (receita na página 213) ou água: 5 xícaras de chá
- Cebolinha: a gosto
- Gersal: a gosto

MODO DE PREPARO

Lave o arroz e deixe-o de molho por algumas horas. Descarte a água e coloque-o em uma panela com o dashi. Cozinhe em fogo baixo por aproximadamente 15 a 25 minutos (dependendo do tempo que ficou de molho). Sirva com cebolinha e gersal a gosto.

OBSERVAÇÃO: esta preparação deve ser servida com o arroz bem macio e com caldo.

RENDIMENTO: 2 porções.

GERSAL

INGREDIENTES

- Gergelim branco: ½ xícara de chá
- Sal: ½ colher de chá

MODO DE PREPARO

Coloque o sal na frigideira quentepor pouco tempo, para secar. Retire. Coloque o gergelim na frigideira e deixe mais uns minutos em fogo baixo, sem deixar dourar (para não amargar). Leve o sal e o gergelim ao processador e triture rapidamente. Coloque em um potinho fechado e armazene, para temperar suas preparações.

Ovo com espinafre

INGREDIENTES

- Ovos: 2 unidades
- Páprica doce: a gosto
- Espinafre-indiano ou comum: 1 xícara de chá das folhas picadas
- Azeite: 1 fio
- Sal ou gersal (receita na página 214): a gosto
- Cebolinha: a gosto

MODO DE PREPARO

Coloque os ovos em uma panela e cubra-os com água. Leve para cozinhar de 4 a 8 minutos depois de ferver (dependendo do ponto desejado). Retire, deixe esfriar e descasque. Refogue o espinafre na frigideira com 1 fio de azeite e coloque 1 pitada de sal. Faça uma camada de espinafre e acrescente os ovos. Finalize com páprica, cebolinha e sal ou gersal.

Panc: Espinafre-indiano (*Asystasia gangetica*)

Tem uso similar ao do espinafre comum. É amplamente cultivado para fins ornamentais. Tem uma flor linda.

As folhas jovens podem ser consumidas refogadas. É rico em tiamina e uma boa fonte de magnésio, cálcio, ferro e outros minerais.

Bolinhas de frutas

INGREDIENTES

- Pera, mamão e abacate: 2 xícaras de chá
- Semente de girassol hidratada: 1 colher de sobremesa
- Castanha-do-pará: 1 unidade
- Semente de abóbora: 1 colher de sobremesa

MODO DE PREPARO

Faça as bolinhas com as frutas ou corte em cubos, se preferir. Coloque nos potes em que serão servidas, finalize com as sementes e rale a castanha por cima.

SEMENTE DE GIRASSOL HIDRATADA:

A hidratação da semente ajuda a melhorar a digestibilidade e a biodisponibilidade de seus nutrientes, sendo seus minerais e aminoácidos mais bem absorvidos.
Coloque as sementes em um copo de vidro, tape com filó (aquele tecido todo furadinho) e prenda-o com um elástico. Lave e escorra 3 vezes. Cubra com água filtrada e deixe de molho de 8 a 12 horas. Esse processo já melhora bastante a qualidade da semente.

Infusão de moringa

INGREDIENTES

- Erva de moringa desidratada: 1 colher de sopa
- Água: 200ml

MODO DE PREPARO

Aqueça a água até o ponto de fervura.

Desligue o fogo, acrescente a erva e tampe por 5 minutos. Coe e sirva

Panc: Moringa (*Moringa oleífera*) ou quiabo-de-quina, ben tree, drumstick tree

O chá de moringa é muito anti-inflamatório e desintoxicante. Suas propriedades estão descritas no capítulo sobre Pancs, na página 62.

Arroz com gengibre e beldroega

INGREDIENTES

- Arroz-cateto: ½ xícara de chá
- Dashi (receita na página 213) ou água: 2 a 3 xícaras de chá
- Gengibre ralado: 1 colher de sobremesa
- Beldroega: 1 colher de sopa

MODO DE PREPARO

Lave o arroz e, se preferir, deixe-o de molho por algumas horas antes de cozinhar.

Descarte a água do molho e coloque o arroz em uma panela com dashi ou água. Leve para cozinhar em fogo baixo por 15 a 25 minutos (ou até secar a água e os grãos estarem no ponto desejado). Sirva com o gengibre ralado, as folhas de beldroega ou outras de sua preferência.

Panc: Beldroega (*Portulaca oleracea*) ou caaponga, verdolaga, porcelana, beldroega-da-horta

A beldroega é uma Panc riquíssima em ômega-3, além de ser muito gostosa. Suas propriedades são citadas no capítulo sobre Pancs, na página 61.

Satay de berinjela com molho de amendoim

INGREDIENTES

- Berinjela: 1 unidade média
- Azeite: 1 colher de sopa
- Sal: a gosto
- Suco de limão: 1 colher de sobremesa
- Pasta de amendoim pura: ½ colher de sopa
- Néctar de coco ou mel: 1 colher de sobremesa
- Água: 3 colheres de sopa
- Shoyu macrobiótico ou shoyu de coco: 2 colheres de sopa

MODO DE PREPARO

Corte a berinjela em meia-lua. Coloque as fatias em uma tigela e acrescente ½ colher de sopa de azeite, suco de limão e uma pitada de sal. Reserve.

Para o molho de amendoim, misture bem a pasta, o néctar, a água e o shoyu, até ficar homogêneo.

Acrescente um pouco desse molho à marinada da berinjela. Deixe incorporar por uns 5 minutos. Aqueça a frigideira, coloque o restante do azeite e grelhe as fatias de berinjela em fogo baixo. Espete em palitos e sirva com o molho de amendoim.

Ninhos de purê

INGREDIENTES

- Inhame descascado e picado: ½ xícara de chá
- Abóbora cabotiá descascada e picada: ½ xícara de chá
- Mandioquinha ou batata-salsa descascada e picada: ½ xícara de chá
- Nabo ralado: ½ xícara de chá
- Shoyu macrobiótico ou shoyu de coco: 1 colher de sopa
- Água: 1 colher de sopa
- Mel ou néctar de coco: 1 colher de chá
- Gengibre ralado: ½ colher de chá
- Óleo de gergelim torrado: 1 colher de sobremesa
- Cebolinha: 1 colher de sobremesa

MODO DE PREPARO

Leve o inhame, a abóbora e a mandioquinha para cozinhar no vapor até que estejam macios (é importante que o cozimento seja no vapor, para não absorver água). Retire e amasse cada um separadamente até formar um purê. Leve para a geladeira por uns 20 minutos, até que fiquem mais firmes.

Faça ninhos com o nabo ralado e coloque sobre a travessa em que for servir. Faça bolinhas com cada um dos purês e leve-as novamente ao vapor para aquecerem (só um pouco, para não desmancharem).

Coloque-as sobre o ninho de nabo.

Para o molho, misture o shoyu, a água, a cebolinha, o gengibre, o mel e o óleo de gergelim. Sirva com as bolinhas.

RENDIMENTO: 2 porções.

Cogumelos com molho de abacate e wasabi acompanhados de farofa

COGUMELOS

INGREDIENTES

- Cogumelos frescos (de sua preferência): 1 xícara de chá ou a gosto
- Azeite: ½ colher de sopa
- Sal: a gosto

MODO DE PREPARO

Aqueça uma frigideira, coloque o azeite e grelhe os cogumelos. Coloque sal a gosto.

MOLHO DE ABACATE COM WASABI

INGREDIENTES

- Abacate picado: 1 xícara de chá
- Wasabi em pó: 2 colheres de chá ou a gosto
- Suco de limão: 1 colher de sopa
- Sal: a gosto
- Azeite: 1 colher de sobremesa

MODO DE PREPARO

Bata todos os ingredientes no liquidificador ou processador e reserve em temperatura ambiente.

FAROFA DE PANKO

INGREDIENTES

- Farinha panko (farinha de pão japonesa): 1 xícara de chá
- Raspas de limão-siciliano: 1 colher de sopa
- Ervas frescas (tomilho, salsinha cebolinha etc.): a gosto
- Sal: a gosto
- Manteiga ghee ou azeite: 1 colher de sobremesa

MODO DE PREPARO

Em uma frigideira, coloque a manteiga ou azeite e acrescente a farinha, as raspas de limão, o sal e as ervas. Vá mexendo até que fique levemente dourada.

SUGESTÃO: sirva os cogumelos quentes sobre a cama de abacate ao natural (ou, se preferir, aqueça-o) e acompanhe com a farofa quente ou natural.

RENDIMENTO: serve 2 pessoas.

Sopa de manga e maracujá

INGREDIENTES

- Manga palmer ou de sua preferência: 1 unidade média
- Maracujá: 1 a 2 colheres de sopa da polpa (a gosto)
- Hortelã: 6 folhas ou a gosto
- Gengibre ralado: 1 colher de chá ou a gosto
- Begônia: 1 flor

MODO DE PREPARO

Bata todos os ingredientes (menos a begônia) no liquidificador e leve para gelar. Sirva bem gelado, com sementes de maracujá e folhinhas frescas de hortelã por cima.

Pode-se incrementar colocando também flores comestíveis ou frutas picadas. Neste caso, incluímos flores de begônia.

RENDIMENTO: 2 porções.

Panc: Begônia (*Begonia semperflorens*)

É uma planta muito cultivada. Suas folhas e flores podem ser ingeridas. Tem um sabor azedinho. Pode conter ácido oxálico, portanto, sua ingestão deve ser moderada e pessoas com problemas renais devem evitá-la.

Banana com gergelim e favos de mel

INGREDIENTES

- Banana-prata: 1 unidade
- Mel: 1 colher de sopa
- Gergelim branco cru: ½ xícara de chá
- Favo de mel: a gosto
- Óleo de coco: 1 colher de sobremesa rasa

MODO DE PREPARO

Corte a banana como preferir. Pincele mel e empane-a no gergelim. Aqueça uma frigideira, acrescente o óleo de coco e grelhe a banana até dourá-la levemente. Sirva com pedacinhos de favo de mel.

Mingau de canjica com leite de coco

INGREDIENTES

- Canjica branca: 1 xícara de chá
- Água: 5 xícaras de chá
- Néctar de coco: 1 xícara de chá
- Canela em pau: 1 unidade
- Leite de coco: 3 xícaras
- Amendoim: ½ xícara de chá
- Flor de capuchinha: 1 unidade

MODO DE PREPARO

Leve a canjica para cozinhar com a água e a canela em pau em panela de pressão por 30 a 40 minutos ou até estar macia.

Retire da pressão e acrescente o leite de coco, o néctar, o amendoim e, se desejar, mais canela. Deixe cozinhar mais uns 15 minutos ou até engrossar. Sirva com a flor de capuchinha para finalizar.

Panc: Capuchinha (*Tropaeolum majus*)

As propriedades da capuchinha estão descritas no capítulo sobre Pancs, na página 121. A flor é linda e comestível, além de rica em carotenoides.

Rolinho de acelga com tofu

INGREDIENTES

- Folhas de acelga: 4 unidades
- Tofu: 1 xícara de chá
- Azeite: 1 colher de sopa
- Sal: a gosto
- Cebolinha, salsinha e manjericão: 2 colheres de sopa
- Suco de limão: 1 colher de sobremesa

MODO DE PREPARO

No processador ou liquidificador, bata o tofu com o azeite, o limão, as ervas e o sal até formar uma pasta. Reserve.

Retire o talo branco das folhas de acelga (o talo mais grosso embaixo). Coloque um pouco de água para ferver em uma panela mais larga ou frigideira mais funda.

Branqueie as folhas de acelga (mergulhe-as rapidamente em água fervente, retire e dê um choque térmico em água gelada).

Enxugue as folhas. Coloque 1 folha sobre a tábua e sobreponha as duas pontas da parte de baixo para tampar o buraco que ficou com a retirada do talo. Coloque um pouco da pasta sobre as folhas, dobre as laterais e enrole.

SUGESTÃO: se quiser, sirva com o mesmo molhinho dos ninhos de nabo (receita na página 226).

RENDIMENTO: 2 porções.

Dashi com cebolinha

INGREDIENTES

- Dashi (receita na página 213): 600ml
- Cebolinha: a gosto
- Gersal (receita na página 214): a gosto

MODO DE PREPARO

Preparar o dashi conforme a receita e acrescentar a cebolinha e o gersal.

SUGESTÕES: você pode variar colocando cogumelos refogados, vegetais picados ou tofu. É um caldo versátil, leve e gostoso.

Enfeite com flores comestíveis. Nesta receita, colocamos 1 flor de jasmim.

RENDIMENTO: 2 porções.

Sushi de beterraba

INGREDIENTES

- Arroz japonês: 1 xícara de chá
- Água: 1 ½ xícara de chá
- Sal: 1 colher de chá
- Vinagre de arroz ou maçã: ¼ de xícara de chá
- Açúcar demerara: 1 ½ colher de sopa
- Beterraba: 1 unidade pequena
- Azeite: 1 colher de sopa
- Suco de limão: 1 colher de sobremesa
- Nirá: a gosto

MODO DE PREPARO

Lave o arroz e coloque-o em uma panela para cozinhar com a água, em fogo alto, até ferver. Quando ferver, abaixe o fogo e deixe cozinhar por cerca de 15 minutos.

Retire a panela do fogo e deixe-a tampada, descansando por uns 5 minutos. Aqueça rapidamente o açúcar, o sal e o vinagre para que se dissolvam. Coloque o arroz sobre uma travessa rasa e espalhe. Em seguida, regue com essa mistura de vinagre, sal e açúcar e misture, fazendo movimentos circulares e de corte até o arroz esfriar.

Se não for utilizar no mesmo momento, deixe-o coberto com um pano úmido.

Fatie a beterraba bem fina e tempere com azeite, suco de limão e uma pitada de sal; deixe marinar por uns minutinhos.

Umedeça as mãos e molde os bolinhos de arroz. Retire o excesso de marinada da beterraba e coloque uma fatia sobre cada bolinho. Finalize com o nirá e, se desejar, polvilhe um pouco de wasabi em pó.

SUGESTÃO: sirva acompanhado com shoyu de coco ou com alguns de nossos molhos

Panc: Nirá (*Allium tuberosum*) ou cebolinha-achatada, cebolinha-chata, alho-de-folha, alho-oriental

Falamos da nirá no capítulo sobre Pancs, na página 90.

Dumpling integral de abóbora

INGREDIENTES

- Farinha de trigo integral: 1 xícara de chá
- Água: ⅓ de xícara de chá
- Sal: ½ colher de café
- Abóbora cabotiá cozida e amassada: 1 xícara de chá
- Nozes picadas: ½ xícara de chá
- Escarola refogada: 1 xícara de chá
- Azeite: 1 colher de chá
- Salsinha: a gosto

RECHEIO

MODO DE PREPARO

Cozinhe a abóbora sem casca no vapor e amasse. Refogue a escarola com um pouco de azeite e sal. Deixe esfriar. Misture a abóbora, a escarola e as nozes. Acerte o sal, acrescente a salsinha e um pouco de azeite, se desejar. Reserve.

MASSA

MODO DE PREPARO

Misture a farinha de trigo com a água e o sal e sove até ficar lisinha. Deixe descansar coberta por uns 20 minutos. Abra a massa toda com um rolo e corte-a em círculos de cerca de 10cm com a ajuda de um cortador ou com a boca de um copo ou xícara. Recheie e feche como um pastelzinho. Leve para cozinhar no vapor por 10 a 15 minutos.

MOLHO DE LARANJA PARA O DUMPLING

INGREDIENTES

- Suco de laranja: 2 colheres de sopa
- Raspas de laranja: 1 colher de sobremesa
- Shoyu macrobiótico ou shoyu de coco: 1 colher de sopa
- Mel: 1 colher de sobremesa
- Saquê: 1 colher de sobremesa
- Gengibre ralado: ½ colher de chá
- Água: 1 colher de sopa
- Cebolinha: 1 colher de sopa

MODO DE PREPARO

Misture todos os ingredientes até formar um molho homogêneo.

Legumes com farofa proteica

LEGUMES

INGREDIENTES

- Abobrinha: 1 unidade média
- Cenoura: 1 unidade média
- Talos de acelga: 1 xícara de chá
- Broto de feijão: 1 xícara de chá
- Óleo de gergelim: 1 colher de sobremesa
- Sal: a gosto
- Cebolinha e salsinha: a gosto

MODO DE PREPARO

Faça tiras com a abobrinha e a cenoura com o auxílio do descascador ou corte como preferir. Aproveite os talos da acelga que sobraram da receita dos rolinhos (receita na página 236) e corte-os em tirinhas.

Aqueça uma frigideira, acrescente o óleo de gergelim e os vegetais. Refogue rapidamente para que permaneçam crocantes. Acerte o sal e coloque as ervas.

FAROFA PROTEICA VEGETAL

INGREDIENTES

- Semente de girassol: 1 colher de sopa
- Semente de abóbora: 1 colher de sopa
- Semente de chia: 1 colher de sopa
- Aveia em flocos: 1 colher de sopa
- Quinua em flocos: 1 colher de sopa
- Semente de gergelim: 1 colher de sopa
- Levedura em flocos (nutritional yeast flakes): 1 colher de sobremesa
- Azeite: 1 colher de sobremesa
- Açafrão: ½ colher de chá

MODO DE PREPARO

Em uma frigideira, coloque o azeite e o açafrão. Acrescente as sementes e os flocos.

Misture por 3 minutos. Reserve e sirva sobre o refogado.

SUGESTÃO: armazene em potes e guarde na geladeira. Use sobre refogados, arroz e sopas. É uma farofa rica em proteína vegetal. Muito interessante para o uso na culinária vegetariana e vegana.

Carpaccio de mexerica com calda de chocolate amargo, azeite e flor de sal

INGREDIENTES

- Mexerica: 1 unidade
- Chocolate amargo > 70%: ½ xícara de chá
- Azeite: 1 colher de sopa
- Flor de sal: a gosto

MODO DE PREPARO

Leve o chocolate para derreter em banho-maria. Quando estiver derretido, retire do fogo e acrescente o azeite.

Descasque a mexerica e corte em fatias finas. Se preferir, leve a mexerica descascada ao freezer por alguns minutos para ficar mais firme e mais fácil de fatiar.

Sirva as fatias de mexerica com a calda de chocolate e azeite e finalize com flor de sal.

Chá de erva-doce

INGREDIENTES

- Erva-doce desidratada: 1 colher de sopa
- Água: 200ml

MODO DE PREPARO

Leve a água para aquecer. Quando levantar fervura, acrescente a erva e tampe por 5 minutos. Coe e sirva.

O chá de erva-doce é bem digestivo e ajuda a diminuir os gases.

Diferentes filosofias, métodos e tendências muitas vezes falam da mesma coisa, mas com palavras ou rituais diferentes. No entanto, é certo que encontramos várias semelhanças no caminho, sendo o objetivo final o mesmo: a saúde e o equilíbrio.

O que importa é adquirir o conhecimento. Entender o que cada alimento faz para seu corpo, mente e espírito e criar seu próprio plano alimentar. Que seja um plano alimentar intuitivo, em que seu corpo e suas emoções diárias ditam o alimento a ser consumido.

De acordo com a antroposofia, o indivíduo que escuta seus instintos é capaz de estabelecer a dieta mais adequada a ele. Assim, quando escolhemos com consciência o que comer, dominamos e equilibramos nosso organismo.

O ideal seria escolher a alimentação de acordo com os princípios básicos dos conhecimentos bioquímico, espiritual e de sustentabilidade.

O que estamos absorvendo?

Que quantidade de vitaminas, minerais, proteínas, gorduras, carboidratos e antioxidantes? Que energia vital? Astralidade dos animais? Que pesticidas, corantes, conservantes, destruição de biomas, desgaste da natureza?

A evolução espiritual exige equilíbrio, moderação, autoconhecimento, sabedoria na escolha dos prazeres e modulação de nossa alimentação para que possamos ser harmônicos e atuar na vida com nossas melhores forças.